W0301640

Python

Schritt für Schritt Programmieren lernen

Prof. Dr. Réne Brunner

IMPRESSUM

Bibliografische Information der Deutschen Nationalbibliothek
Die Deutsche Nationalbibliothek verzeichnet diese Publikation in der Deutschen Nationalbibliografie; detaillierte bibliografische Daten sind im Internet über http://dnb.de abrufbar.

Wir sind ein junger Verlag und sehr dankbar für jede Art von Feedback. Sollten Sie daher Anregungen oder Fragen haben, würden wir uns sehr freuen, von Ihnen zu lesen:
support@litego.de

Erstauflage
Veröffentlicht im Litego Verlag, Wien

Alle Rechte, insbesondere Verwertung und Vertrieb der Texte, Tabellen und Grafiken, vorbehalten.

Copyright © 2023 by Datamics GmbH // Prof. Dr. René Brunner

ISBN 978-3-903483-03-3 Taschenbuch
ISBN 978-3-903483-04-0 eBook
ISBN 978-3-903483-05-7 Hardcover

Satz: Michael Michelson
Grafiken: Johanna Heuer & Sarah Schuhmann
Lektorat: Johannes Bergs
Auslieferung: Westarp Verlagsauslieferung

Weitere Informationen zum Verlag finden Sie unter:
www.litego.de

Wir wünschen Ihnen viel Vergnügen beim Lesen!

Python

Schritt für Schritt Programmieren lernen

Prof. Dr. Réne Brunner

Inhaltsverzeichnis

Autor

René Brunner ist Professor und Leiter der Studiengänge Digital Technologies und Coding an der Macromedia Hochschule. Er hat über 100 Vorträge, rund 50.000 Teilnehmer in Onlinekursen und ist Bestseller-Dozent, über 1000 Hörer in seinem Podcast „Data Science mit Milch und Zucker", hunderte Hochschulvorträge an mehreren renommierten Universitäten, zahlreiche Forschungsbeiträge in Fachzeitschriften und internationalen Konferenzen, Top-1% von StackOverflow Nutzern. Eine erfolgreiche Tätigkeit als Unternehmensberater mit zahlreichen erfolgreichen Projekten bei renommierten Unternehmen, Gründer und CEO der Datamics GmbH und immer wieder neue Ideen, Workshops und Kurse.

In einer Welt der Veränderung gibt es keine Ressource, die wertvoller ist als Bildung. Sie befähigt die Menschen, auch in einer komplexen Umwelt selbstbestimmt ihren Weg zu gehen. Wichtig ist, was jeder einzelne kann. Die Digitalisierung steckt voller Chancen für bessere Bildung: individuelleres Lernen, innovative Lehrmethoden und aktuellere Lehrmittel. Daher möchte er nicht länger zuschauen, sondern an besserer Bildung für jeden Mitwirken!

Vorwort

"Simplicity is prerequisite for reliability."
– Edsger Dijkstra

Lange vor der Erfindung mechanischer Rechenmaschinen wurden algorithmische Konzepte zur Lösung abstrakter Probleme erdacht. Einer der ersten bekannten Algorithmen aus dem dritten Jahrhundert vor Christus ist das sogenannte *Sieb des Eratothenes*[1], mit dem durch die wiederholte Anwendung eines einfachen Selektionsschrittes alle Primzahlen bis zur gewünschten Obergrenze bestimmt werden.

Die moderne Informatik hat sich aus solch einfachen Anfängen zu einer hochkomplexen Wissenschaft entwickelt, die in nahezu allen gesellschaftlichen Bereichen von großer Bedeutung ist. Mit der weiterhin steigenden Komplexität der vernetzten Welt steigt auch die Bedeutung der Entwicklung von Programmen zur Handhabung dieser Komplexität; auch deshalb ist der Erwerb von Programmierkenntnissen als zukunftssicher zu betrachten.

Die Programmiersprache *Python* ist weit verbreitet, beliebt und vergleichsweise einfach zu erlernen. Mit ihr können, auch dank fortschrittlichen, kostenfrei verfügbaren Zusatzmodulen, komplexe Anwendungen mit geringem Aufwand entwickelt werden. Ein weiterer wichtiger Grund für die Beliebtheit von Python ist die zugrundeliegende Designphilosophie, welche einfache und gut nachvollziehbare Problemlösungen betont.

Dieses Buch richtet sich an Programmiereinsteiger. Dabei ist das Konzept dieses Buches unbedingt praxisorientiert mit dem Ziel, Leser ohne Umwege zur Entwicklung eigener Programme anzuleiten. Ein weiterer Fokus dieses Buches ist Softwarequalität: gute Programmierung ist nicht nur die Erfüllung von gegebenen Anforderungen,

[1] https://de.wikipedia.org/wiki/Sieb_des_Eratosthenes

sondern außerdem Wartbarkeit, Sicherheit, Erweiterbarkeit, Robustheit und Effizienz.

Ich wünsche Ihnen viel Freude und einen gelungenen Einstieg in die wunderbare Programmiersprache Python!

Inhalte

In diesem Buch werden die folgenden essentiellen Grundlagen von Python behandelt:

- einfache Datentypen
- komplexe Datentypen
- Programmflusskontrolle
- Funktionen
- Objektorientierte Programmierung
- Module
- Dateien
- fortgeschrittenes Python
- Programmqualität

Voraussetzungen

Alle im Buch behandelten Inhalte können sowohl auf *Windows* als auch *MacOS* und *Linux* in einer aktuellen Version des jeweiligen Betriebssystems nachvollzogen werden. Dabei ist für die im Buch gezeigten Beispiele eine minimale Rechenleistung ausreichend. Die Installation von Python und der weiteren erforderlichen Software wurde unter Windows 10, MacOS X und Ubuntu 21.04 getestet. Ältere oder neuere Versionen dieser Betriebssysteme können ein geringfügig anderes Setup erfordern.

Dieses Buch richtet sich an Programmiereinsteiger – Vorkenntnisse der Programmierung sind nicht erforderlich. Basiskenntnisse im allgemeinen Umgang mit Computern und einem der obig genannten Betriebssysteme sollten jedoch vorhanden sein.

Die Installation und Verwendung der Programme, die für das Nachvollziehen der im Buch gezeigten Codebeispiele und Übungen erforderlich sind, wird einsteigerfreundlich beschrieben.

Hervorhebungen

In diesem Buch verwenden wir einige Markierungen, um Text hervorzuheben.

Programmcode im Fließtext wird in `Festbreitenschrift` (engl. *Monospace Font*) dargestellt. Wichtige Hinweise werden **fett** markiert. Programm-, und Algorithmennamen werden bei der ersten Nennung *kursiv* dargestellt, danach in normaler Schrift. Ebenfalls *kursiv* formatiert sind Referenzen auf Kapitel oder Unterkapitel, also beispielsweise *Einfache Datentypen*. Auch Dateinamen und Pfade sind in Kursivschrift gesetzt.

Zusätzliche Informationen und Hinweise werden in einer neuen Zeile eingeleitet mit **Hinweis:**, **Achtung:** oder **Wichtig:** hervorgehoben.

Codebeispiele werden wie hier gezeigt in einer Box mit Syntaxhervorhebung dargestellt:

```
a = 10
```

Terminaleingaben und die Ausgaben von ausgeführtem Python-Code werden hingegen wie folgt visualisiert:

```
10.709999999999999
5 - 3000
1
```

Pfade

Pfadkomponenten werden in Windows mit dem Backslash (`\`) und nicht mit dem in MacOS und Linux verwendeten Slash (`/`) voneinander getrennt! Außerdem werden unter Windows absolute Pfade mit `C:\` eingeleitet, Pfade unter MacOS und Linux hingegen mit einem Slash.

Im Folgenden werden in diesem Buch alle Pfade exklusiv in der Windows-Schreibweise dargestellt. MacOS- und Linux-Nutzer müssen also in diesen Pfadenjeden Backslash durch einen Slash ersetzen. Beispielsweise ist der Windows-Pfad `pfad\zum\script.py` unter MacOS und Linux korrekt `pfad/zum/script.py` oder ein absoluter Pfad `C:\pfad\zum\script.py` dann `/pfad/zum/script.py`.

Zeilenumbrüche

Aufgrund der begrenzten Zeilenbreite dieses Buches erfolgen in vielen Codebeispielen Zeilenumbrüche. Jede Code-Zeile beginnt mit einer Zeilennummer. Wenn eine Zeile **nicht** mit einer Zeilennummer beginnt, so gehört ihr Inhalt zur vorherigen Zeile. Dies ist beim Abschreiben der Codebeispiele **unbedingt** zu beachten, da fälschlich umgebrochene Zeilen in Python zu Fehlern führen!

Python-Version

Es gibt zwei Hauptversionen von Python, die derzeit noch beide genutzt werden: Python 2 und Python 3. Beide Versionen haben viele Gemeinsamkeiten, jedoch ist die Syntax nicht kompatibel. Das heißt, dass eine in Python 2 programmierte Anwendung üblicherweise nicht mit Python 3 ausgeführt werden kann. Während Python 2 zwar noch in manchen Programmen genutzt wird, liegt der Großteil von Python-Programmen inzwischen glücklicherweise in der Syntax von Python 3 vor, welche daher in diesem Buch exklusiv verwendet wird.
Eine Beschreibung der Unterschiede zwischen Python 2 und Python 3 sowie eine Anleitung zum Update von Python 2-Programmcode ist in der offiziellen Dokumentation[2] von Python zu finden.

Übungsaufgaben

Zu jedem Kapitel des Buches werden Übungen bereitgestellt, welche mit einfachen Fragen zur Wiederholung beginnen. Mit zunehmendem

[2] https://docs.python.org/3/howto/pyporting.html

Lernfortschritt werden die Übungsaufgaben anspruchsvoller und beinhalten auch Programmieraufgaben, damit Sie schnellstmöglich mit der Programmierung eigener Programme beginnen können. Die Lösungen zu den Übungen werden Ihnen als interaktive Jupyter-Notebooks[3] zum Download von unserer Homepage bereitgestellt: https://akademie.datamics.com/python-buchmaterialien/

Unsere Übungen behandeln immer die Inhalte des jeweiligen Kapitels, gefolgt von einer Herausforderung, in welcher Sie Ihre Kenntnisse vertiefen können. Im Kapitel *Einfache Datentypen* ist die Herausforderung die Generierung einer E-Mail mit Stringformatierung. Die Herausforderung im darauffolgenden Kapitel *Komplexe Datentypen* ist die Entwicklung einer rudimentären Datenbank. Anschließend programmieren Sie im Kapitel *Programmflusskontrolle* eine Datenaufbereitung. Im nächsten Kapitel, *Funktionen*, implementieren Sie eine Datenverarbeitung mit der Hilfe einfacher Funktionen. Die Abschlussübung im Kapitel *Objektorientierte Programmierung* ist eine echte Herausforderung – Sie entwickeln eine einfache Inventarsoftware. In der darauffolgenden Herausforderung entwerfen Sie ein eigenes, kleines Modul im Kapitel *Module*. Das Kapitel *Dateien* fordert Sie dazu auf, eine eigene Klasse mit Pickle zu Serialisieren. Im Folgekapitel *Fortgeschrittenes Python* implementieren Sie einen Dekorator, um Funktionen um eine Sicherheitsabfrage zu ergänzen. Zu guter Letztreparieren Sie im Kapitel *Programmqualität* eine fehlerhafte Software mithilfe von Softwaretests.

Anregungen und Korrekturen

Hat Ihnen unser Buch gefallen? Was könnten wir besser machen? Oder haben Sie einen Fehler bemerkt?

[3] Jupyter Notebooks erlauben die interaktive Ausführung von Python-Code im Browser und werden im Kapitel Einrichtung kurz vorgestellt.

Selbstverständlich freuen wir uns über Ihre Meinung! Auch Korrekturvorschläge sind uns herzlich willkommen – wir möchten gerne die Qualität unseres Buches weiter verbessern.
Zögern Sie also bitte nicht und schreiben Sie uns eine E-Mail:
support@datamics.com

Danksagung

Den besten Dank an meine Familie für die Geduld mit mir beim Schreiben dieses Buches, welches zusätzlich zu meinen weiteren Aufgaben viel Zeit in Anspruch genommen hat.
Herzlichen Dank an meine Mitarbeiter für die Unterstützung beim Schreiben dieses Buches, insbesondere Johannes Bergs für die Inhalte und das Lektorat, Glorinda Matrone für die organisatorische Unterstützung, Johanna Heuer für die graphischen Abbildungen sowie Thomas Berger für die Hilfe bei technischen Herausforderungen.

Unsere Onlinekurse

Sie finden unsere Onlinekurse zu den Themen Python, Programmierung, Datenanalyse, Maschinelles Lernen und vieles mehr mit diesem QR-Code:

1 Einleitung

"I think there is a world market for maybe five computers."
– Thomas Watson, Präsident von IBM, 1943

1.1 Computer im 21. Jahrhundert

Von den ersten gigantischen, mit Lochkarten betriebenen mechanischen Rechenmaschinen bis zu den ubiquitären Miniaturhochleistungsrechnern in der Form von Smartphones war es ein weiter Weg.
Insbesondere beeindruckend ist das Verhältnis vom Preis zur Leistungsfähigkeit. Dabei hat sich nach dem *Mooreschen Gesetz*[4] die Leistungsfähigkeit von Rechnersystemen (genauer: die Anzahl der Transistoren, das heißt der logischen Schalteinheiten in einem Chip) bei gleichbleibenden Kosten seit 1965 alle zwölf bis vierundzwanzig Monate verdoppelt. Jedoch mehren sich die Zeichen, dass die Zeit der unbeschränkten Leistungszunahme ihr Ende erreicht hat. Das liegt unter anderem an physikalischen Schwierigkeiten bei der weiteren Miniaturisierung der Fertigungsprozesse und der damit verbundenen Kostenexplosion[5]. Die nächsthöhere Klasse bezüglich der Leistungsfähigkeit, die Quantencomputer, stecken noch in der Grundlagenforschung; es ist zu erwarten, dass es noch viele Jahre dauern wird, bis praktische Anwendungen auf Quantencomputern mit vertretbaren Kosten durchgeführt werden können.

---

4 https://de.wikipedia.org/wiki/Mooresches_Gesetz
5 https://builtin.com/hardware/moores-law

Ein weiterer Prozess ist ebenfalls relevant für die zunehmende Bedeutung effizienter Programmierung – die eher mangelhafte Qualität zeitgenössischer Software.

In der Zeit der Programmierung mittels Lochkarten waren die Kosten der Rechenzeit im Vergleich zu den Kosten der Programmierzeit enorm. Eine hausgroße, mechanische Rechenmaschine mit dem entsprechenden Wartungsaufwand konnte nur ein einziges, vergleichsweise winziges Programm auf einmal ausführen. Waren Fehler im Programm, dann mussten die fehlerhaften Lochkarten neu gedruckt werden, bevor das Programm erneut ausgeführt werden konnte. Für frühe Programmierer war es daher essentiell, ein Programm vor der Ausführung gründlichst zu validieren, anstatt einen neuen Druck und Durchlauf zu riskieren.

Da moderne Computer Programme mit enormer Geschwindigkeit ausführen, ist im Gegensatz dazu heute die Programmierzeit der entscheidende Kostenfaktor. Im Ergebnis wird versucht, Programme mit dem geringstmöglichen Zeitaufwand zu entwickeln, was leider dazu führt, dass viele moderne Programme von minderer Qualität sind, sowohl in Bezug auf Effizienz, als auch in der Sicherheit. Die geringe Effizienz führt zu einem unangebracht hohen Energiebedarf; mangelndes Sicherheitsbewusstsein bei der Entwicklung ist ein Grund, wieso die internationale Cyberkriminalität auf dem Vormarsch ist. Die Programmierung effizienter und sicherer Systeme ist also eine bedeutende Aufgabe.

Neben dem beschriebenen gesellschaftlichen Bedarf an erfahrenen Programmierern ist auch die Situation auf dem Arbeitsmarkt hervorragend. Die Entwicklung hochwertiger Software ist in nahezu allen kommerziellen Bereichen erforderlich; entsprechend hoch ist die Nachfrage nach guten Programmierkenntnissen.

Der Erwerb fortgeschrittener Programmierkenntnisse ist also sowohl empfehlenswert als auch zukunftssicher. Daher soll dieses Buch Ihnen nicht nur gute Kenntnisse der Grundlagen der Programmiersprache

Python vermitteln, sondern Ihnen dabei auch essentielle Praktiken qualitativ hochwertiger Programmierung schon beim Einstieg nahelegen.

1.2 Die Programmiersprache Python

Glücklicherweise ist Python eine höchst einsteigerfreundliche Programmiersprache. Dies liegt unter anderem daran, dass Python eine Programmierhochsprache ist.
Programmierhochsprachen sind stärker abstrahiert als niedere, maschinennahe Programmiersprachen wie beispielsweise *C* oder auch das noch maschinennähere *Assembler*. Mit wenigen Zeilen Code können in Python hochkomplexe Operationen ausgeführt werden; in niederen Programmiersprachen ist dies aufwendiger.
Zusätzlich orientiert sich die Syntax Pythons soweit wie möglich an natürlicher Sprache – gut strukturierter Code lässt sich auch von Einsteigern vergleichsweise gut lesen und verstehen.
Entwickelt wurde Python von Guido van Rossum in den späten 1980er-Jahren. Die erste Version, Python 0.9.0 wurde 1991 veröffentlicht; ganze vier Jahre vor Java. Eine weite Verbreitung fand Python ab der Veröffentlichung der Version 2.0 im Jahr 2000. Die aktuellste stabile Version von Python ist die Version 3.10.3 zum Zeitpunkt der Veröffentlichung dieses Buches.
Bis 2018 war Guido van Rossum *Benevolent Dictator for Life* (Deutsch *Wohlmeinender Diktator auf Lebenszeit*) und mit der ultimativen Verantwortung für die Entwicklung der Sprache betreut. Seitdem werden alle Entscheidungen von einem fünfköpfigen Komitee getroffen. Insgesamt ist Python die beeindruckende Leistung einer internationalen und selbstorganisierten Entwicklergemeinschaft. Die *Python Software Foundation*[6] ist dabei die nicht-profitorientierte Trägerorganisation.

6 https://en.wikipedia.org/wiki/Python_Software_Foundation

Aktuell ist Python eine der beliebtesten und verbreitetsten Programmiersprachen der Welt, beispielsweise laut der *Stack Overflow Developer Survery 2020*[7], in der Python nach *Rust* und *TypeScript* in der Beliebtheit den dritten Platz erreicht.
Ein Grund für die Beliebtheit von Python ist die Einfachheit in der Anwendung, die Teil der Designphilosophie von Python ist. Ein weiterer Grund ist die Vielfalt der unentgeltlich bereitgestellten Python-Programme und Erweiterungen aus den unterschiedlichsten Einsatzgebieten von Mikrocomputersoftware für den Raspberry Pi bis zu Moleküldarstellungssoftware in der Bioinformatik.
Ein ebenfalls beliebtes Einsatzgebiet von Python ist der Einsatz als *Glue Language* (Deutsch *Klebesprache*). Damit ist gemeint, dass mit Python vergleichsweise einfach Daten für andere, nicht in Python programmierte Anwendungen vor- und nachbearbeitet werden können. Dadurch kann eine Reihe von Anwendungen über ein Python-Kontrollprogramm verbunden und komplexe Arbeitsprozesse ermöglicht werden.

1.3 Einsatzgebiete

Das derzeit beliebteste Einsatzgebiet von Python ist die Datenanalyse, häufig mit den kostenfreien Zusatzbibliotheken *NumPy*, *Pandas* und *MatPlotLib*. Diese werden in einem späteren Kapitel kurz vorgestellt.
Ebenfalls weit verbreitet ist Python in der Webentwicklung. In dieser werden mit einem Framework wie *Flask* oder *Django* durch Python HTML-Code generiert und Interaktionen gesteuert.
Hervorzuheben ist auch der Einsatz von Python-Software im Zusammenhang mit Neuronalen Netzwerken; in diesem Bereich wird am häufigsten das später ebenfalls kurz vorgestellte *TensorFlow* verwendet.

[7] https://insights.stackoverflow.com/survey/2020

Übungsaufgaben
Materialien zum Buch

Die Materialien zum Buch sowie Videos mit Hilfen zur Installation können Sie unter der Adresse
https://akademie.datamics.com/python-buchmaterialien/
oder mit folgendem QR-Code erreichen:

2 Einrichtung

"The computer was born to solve problems that did not exist before."
– Bill Gates

Bevor die Grundlagen von Python behandelt werden können ist es erforderlich, den Computer einzurichten, damit er in Python geschriebene Programme ausführen kann. Dabei ist die Installation auf den gängigen Betriebssystemen Windows, MacOS und Linux üblicherweise einfach. Zwei Programme müssen mindestens installiert werden: der Interpreter, mit dem Python-Programme ausgeführt werden, sowie der Softwaremanager *Pip* für die Installation von Zusatzmodulen. Die Installation dieser beiden Programme wird im folgenden Abschnitt gezeigt – danach kann es endlich losgehen!
Zusätzlich finden Sie bei den Übungsaufgaben zu jedem Kapitel einen QR-Code, der Sie auf unsere Seite zum Buch weiterleitet. Diese enthält sowohl die Materialien zum Buch als auch Videos mit Hilfen zum Setup. Der Link in der Fußnote zeigt auf die gleiche Seite[8] mit unseren Materialien.

2.1 Installation

In diesem Abschnitt ist nur das Unterkapitel für Ihr jeweiliges Betriebssystem für Sie relevant. Die Unterkapitel für die anderen Betriebssysteme können Sie überspringen und mit dem Unterkapitel *Installation testen*

[8] https://akademie.datamics.com/python-buchmaterialien/

fortfahren. Da das veraltete Python 2 inzwischen nur noch wenig genutzt wird und sämtliche Codebeispiele und Übungen im Buch mit Python 3 getestet wurden, zeigen wir hier nur die Installation von Python 3.
Auf der Seite mit den Kursmaterialien finden Sie auch Videos zur Installation als Unterstützung zu der folgenden Anleitung. Die Videos werden auch ständig aktualisiert.

2.1.1 Windows

Für die Installation von Python unter Windows müssen Sie zunächst den Installer von der offiziellen Download-Webseite für Windows[9] herunterladen. Öffnen Sie die Seite und laden Sie die Datei *Windows Installer* in der neuesten Version herunter. Fast immer ist dabei die 64-Bit-Variante die richtige. Führen Sie den Installer aus. Bleiben Sie bei der Option *Install Now* und erlauben Sie die Installation in der folgenden Dialogbox. Achten Sie darauf, dass der Installationsprozess erfolgreich abgeschlossen wird und keinen Fehler anzeigt.
Praktischerweise enthält der Windows-Installer bereits *Pip*, dieses muss daher nicht gesondert installiert werden.

2.1.2 MacOS

Auf modernen MacOS-Systemen sind üblicherweise ein aktuelles Python und Pip bereits vorinstalliert. Falls dies nicht der Fall ist, können die beiden Programme einfach mit dem Installationsmanager *Brew* nachinstalliert werden.
Die Installation von Brew auf MacOS erfolgt durch die Eingabe des folgenden Befehls im Terminal:

```
/bin/bash -c "$(curl -fsSL
https://raw.githubusercontent.com/Homebrew/
install/HEAD/install.sh)"
```

Achtung: Der gesamte obige Befehl muss im Terminal in einer einzigen Zeile eingegeben werden!

[9] https://www.python.org/downloads/windows

Geben Sie Ihr Admin-Passwort ein, wenn der Installer Sie danach fragt und bestätigen Sie anschließend die Installation.
Nach der erfolgreichen Installation von Brew können Sie jetzt Python und Pip mit dieser Eingabe installieren:

```
brew install python
```

2.1.3 Linux

Auf Linux-Betriebssystemen ist die vorinstallierte Software abhängig von der Distribution, fast immer sind Python und Pip aber bereits vorhanden.
In Distributionen, die den Linux-Paketmanager *Apt* unterstützen (beispielsweise Ubuntu und Debian), können Sie Python und Pip bei Bedarf mit den folgenden Befehlen nachinstallieren:

```
sudo apt-get update
sudo apt-get install python -y
sudo apt install python3-pip -y
```

2.1.4 Installation testen

Nachdem Python und Pip auf Ihrem System installiert wurden, ist es angebracht, den Erfolg der Installation zu verifizieren.
Öffnen Sie dazu ein Terminal und geben Sie diese beiden Befehle ein:

```
python --version
pip --version
```

Wenn eine Ausgabe ähnlich der folgenden angezeigt wird, dann haben Sie Python und Pip korrekt installiert!

```
Python 3.8.10
pip 20.0.2 from /usr/lib/python3/dist-packages/
pip (python 3.8)
```

Hinweis für Windows-Nutzer: Unter Windows können Sie das Terminal öffnen, indem Sie den Suchbegriff *terminal* in der Suchbox rechts neben dem Startmenübutton eingeben. Oben in den Ergebnissen finden Sie das Windows-Terminal, welches mit einem Klick geöffnet wird.

2.2 Das erste Programm

Nachdem Sie nun Python erfolgreich installiert haben, können wir jetzt endlich erste Experimente ausführen.
Das einfachstmögliche Experiment ist das Ausführen von Code im Python-Interpreter wie im nächsten Abschnitt gezeigt. Danach lernen Sie, wie Sie ein sogenanntes Skript, ein Python-Programm in der Form einer normalen Textdatei mit der Endung *.py*, ausführen können.

2.2.1 Exkurs: Der Python-Interpreter

Traditionell werden zwei Arten von Programmiersprachen unterschieden: kompilierte und interpretierte Programmiersprachen.
Kompilierte Programmiersprachen, wie beispielsweise C, werden von einem Compiler in vom Menschen nicht lesbaren Maschinencode übersetzt, der dann anschließend ausgeführt werden kann.
Interpretierte Programmiersprachen wie Python werden hingegen während der Ausführung von einem Interpreter in Maschinencode übersetzt.
Allgemein sind kompilierte Programmiersprachen schneller, da bei der Ausführung der Übersetzungsschritt durch einen Interpreter nicht nötig ist. Viele geschwindigkeitskritische Komponenten von Python wurden aber in kompilierten Sprachen implementiert, weshalb Python dennoch eine im Vergleich sehr schnelle Programmiersprache ist.
Dabei ist der Python-Interpreter das Programm, welches ausgeführt wird, wenn im Terminal `python` eingegeben wird. Wenn der Inter-

preter ohne weiteren Parameter aufgerufen wird, startet er im interaktiven Modus als Terminal und erlaubt die zeilenweise Eingabe von Python-Code, wie hier in Abbildung 2.1 gezeigt:

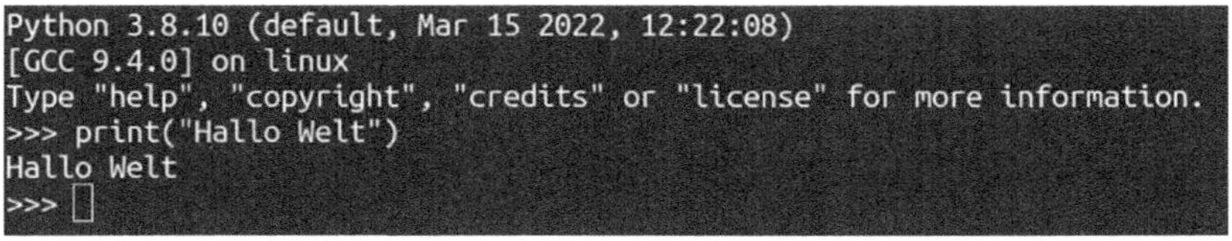

Abbildung 2.1: Beispiel für den interaktiven Modus des Python-Interpreters

Hinweis: Die im Screenshot gezeigte Funktion `print` dient der Ausgabe von Variablen im Terminal, hier genutzt zur Ausgabe der alphanumerischen Zeichenkette `"Hallo Welt"`. Die Funktion `print` und der Umgang mit einfachen Datentypen sind Inhalt des nächsten Kapitels. Der Interpreter kann mit dem Tastenkürzel `STRG+d` wieder beendet werden.

2.2.2 Skripte ausführen

Die eben gezeigte interaktive Verwendung des Interpreters ist für kleine Experimente gedacht. Um in Python programmierte Anwendungen auszuführen wird dem Interpreter als Argument der Pfad zum auszuführenden Skript übergeben.
Erstellen Sie zunächst ein Arbeitsverzeichnis mit einem gut zu merkenden Namen, beispielsweise *python_buch*, und wechseln Sie im Terminal in dieses. Verwenden Sie nun einen Texteditor Ihrer Wahl und erzeugen Sie eine Datei namens *hallo_welt.py* in selbigem Verzeichnis.
Schreiben Sie den folgenden Python-Code in die Textdatei:

```
print("Hallo Welt")
```

Speichern Sie die Datei und führen Sie sie anschließend mit der folgenden Eingabe im Terminal aus:

```
python hallo_welt.py
```

Sie sollten folgende Ausgabe im Terminal angezeigt bekommen:

```
Hallo Welt
```

Glückwunsch, Sie haben soeben Ihr erstes Python-Programm ausgeführt!
Wenn Sie die weiteren Codebeispiele praktisch ausprobieren möchten, müssen Sie sie nur wie gezeigt in einer Textdatei speichern und diese dann ausführen.

2.3 Programmierumgebung

Mit dem Python-Interpreter können wie gerade gezeigt Skripte ausgeführt werden. Zwar können Skripte mit einem einfachen Texteditor erzeugt werden; angenehmer ist es allerdings, für Programmierer optimierte Texteditoren einzusetzen. Alternativ dazu kann eine *Integrated Development Environment* (IDE, zu Deutsch integrierte Entwicklungsumgebung) verwendet werden. Eine weitere Möglichkeit ist das Ausführen von Python-Code in sogenannten *Jupyter Notebooks* direkt im Browser.
Die drei Ansätze werden in diesem Abschnitt kurz vorgestellt; für Einsteiger ist es am einfachsten, die Beispiele des Buches mithilfe eines Texteditors nachzuvollziehen.

2.3.1 Texteditor

Mit einem zum Schreiben von Texten gedachten Texteditor wie beispielsweise *Word* zu programmieren, ist äußerst unangenehm. Es gibt aber eine Reihe von speziell für Programmierer entwickelte Texteditoren mit hilfreichen Erweiterungen, insbesondere *Syntax Highlighting* (Deutsch Syntaxhervorhebung). Syntax Highlighting hebt die verschiedenen Programmkomponenten farblich hervor – dieses Feature alleine erhöht die Lesbarkeit von Programmcode bereits stark. Ein unter Programmierern besonders beliebter Texteditor ist *Sublime Text*, siehe Abbildung 2.2.

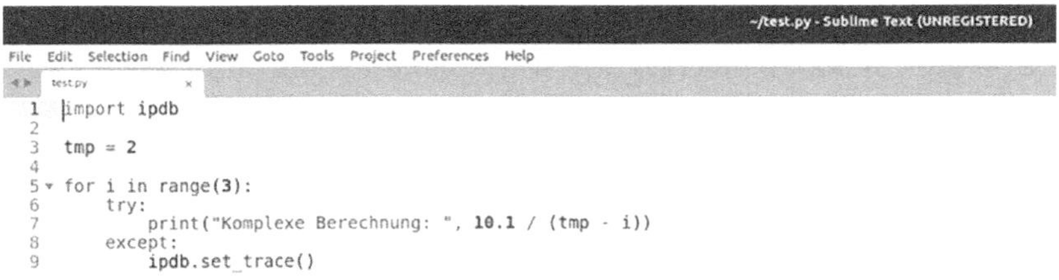

Abbildung 2.2: Sublime Text Screenshot

Neben Syntax Highlighting bietet Sublime Text das Schließen und Öffnen zusammengehöriger Codeblöcke, eine einfache Möglichkeit zum Scrollen durch das ganze Dokument auf der rechten Seite und ist umfassend konfigurierbar, beispielsweise für Autovervollständigung. Zusätzlich bietet Sublime Text zahlreiche externe Zusatzmodule und erlaubt die Programmierung eigener Erweiterungen in Python.
Sublime Text, derzeit in Version 4, ist in Form einer Evaluierungsversion, für Windows, MacOS und Linux, frei zum Download[10] verfügbar.
Im Vergleich mit anderen Möglichkeiten ist der Hauptvorteil eines Texteditors als Programmierumgebung die Übersichtlichkeit. Alles ist schnell erreichbar und der Programmcode zentral und gut formatiert dargestellt; ein übersichtlicher Programmierstil wird dadurch gefördert. Allerdings kann die Erweiterung eines Texteditors um Zusatzfähigkeiten gegebenenfalls aufwendig sein.

[10] https://www.sublimetext.com/download

2.3.2 Integrated Development Environment

Integrated Development Environments bieten im Vergleich mit Texteditoren komplexere Mechanismen zur Verwaltung von Softwareprojekten. Dazu gehören integrierte Konsolen zum direkten Ausführen des Programmes, integrierte Werkzeuge für Versionsmanagement, Test- und Debuggingwerkzeuge sowie viele weitere fortgeschrittene Anwendungen.

Weit verbreitet, in der internationalen Entwicklergemeinschaft, ist die in Abbildung 2.3 gezeigte IDE *Eclipse*:

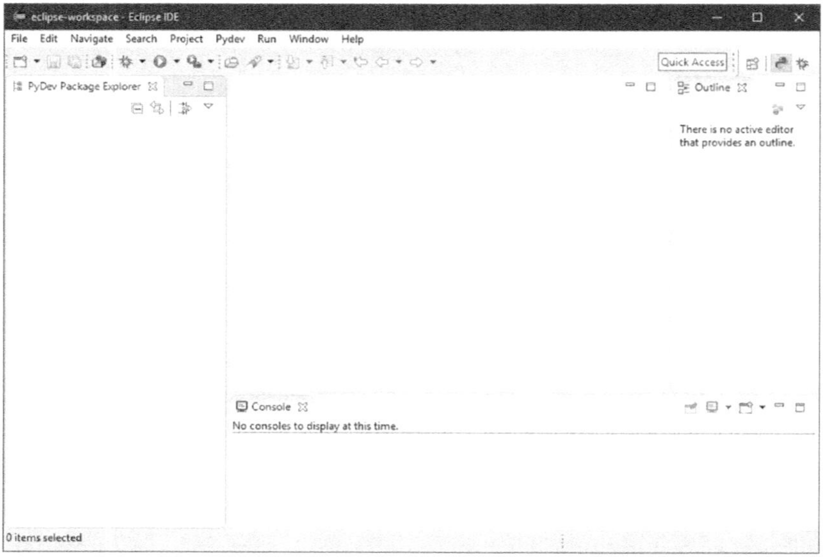

Abbildung 2.3: IDE Eclipse

Eclipse ist ebenfalls kostenfrei erhältlich und ist für Windows, MacOS und Linux, als OpenSource zum Download[11] verfügbar.

Generell ist die Nutzung von einem Texteditor oder einer IDE eine individuelle Präferenz; ein Texteditor ist weniger leistungsfähig, aber einfacher in der Anwendung.

[11] http://www.eclipse.org/downloads

2.3.3 Jupyter

Eine weitere spannende Möglichkeit zur Programmierung mit Python steht in Form von Jupyter Notebooks zur Verfügung.
Jupyter ist eine Software, mit der innerhalb eines Browserinterfaces programmiert werden kann. Dabei besteht ein Programm aus einer Abfolge von Zellen, die separat ausgeführt werden können. Solche Programme werden in Jupyter *Notebooks* genannt und sehen aus wie in Abbildung 2.4 gezeigt.

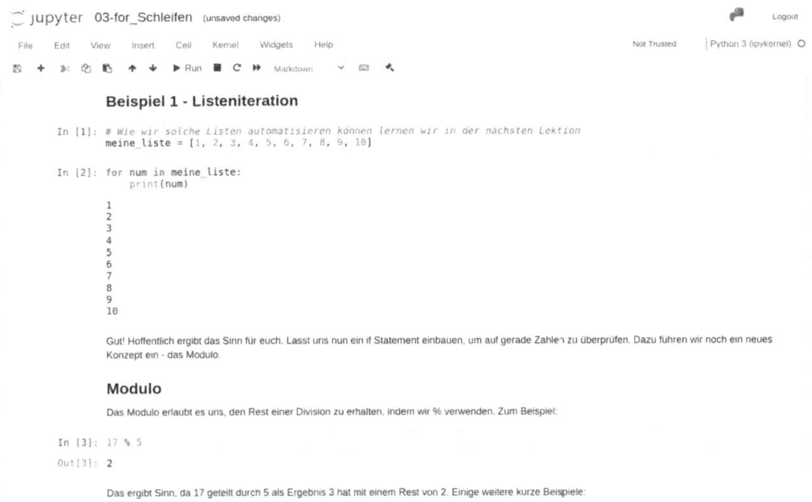

Abbildung 2.4: Jupyter Notebook

Um eine Codezelle auszuführen muss lediglich in diese geklickt und dann die Tastenkombination `SHIFT+ENTER` gedrückt werden. Die Ergebnisse einer ausgeführten Codezelle werden dann unter der Zelle ausgegeben. Das ist hervorragend zum schnellen Experimentieren – der Effekt von in einer Zelle vorgenommenen Änderungen lässt sich durch das Ausführen der Zelle sofort feststellen, ohne dabei das gesamte Programm auszuführen. Anschließend können alle vorgenommenen Änderungen und die Ergebnisausgaben permanent im Notebook gespeichert werden.

Neben einer weiten Verbreitung im Bildungsbereich ist Jupyter auch besonders beliebt im Bereich Datenanalyse, da die vorliegenden Daten schrittweise präpariert und visualisiert werden können. Bei der Entwicklung komplexer Anwendungen verliert Jupyter im Vergleich mit Texteditoren und IDEs, da Jupyter schwierig erweiterbar ist und wenige klassische Werkzeuge der Programmierung bietet. Kleinere Programme können aber sehr gut in Jupyter entwickelt werden.
Die Lösungen der Übungsaufgaben im Buch werden sowohl als klassische Python-Skripte, als auch als Jupyter Notebooks bereitgestellt.

Übungsaufgaben
Materialien zum Buch

Die Materialien zum Buch sowie Videos mit Hilfen zur Installation können Sie unter der Adresse
https://akademie.datamics.com/python-buchmaterialien/
oder mit folgendem QR-Code erreichen:

3 Einfache Datentypen

"Everything around us can be represented and understood through numbers."

– Fiktionaler Charakter Maximilian Cohen, Film *Pi*

Datentypen sind ein zentrales Element jeder Programmierung, weshalb ein Verständnis der wichtigsten Datentypen einer Programmiersprache der erste Meilenstein beim Erlernen dieser ist. Nur mit passenden Datentypen können Eigenschaften der realen Welt (zum Beispiel Finanzdaten, Nutzereingaben, Graphiken, ...) von einem Programm korrekt interpretiert und verarbeitet werden.
Die wichtigsten elementaren Datentypen in Python sind *boolesche Werte* (binäre Wahrheitswerte), *Integers* (Ganzzahlen), *Floats* (Gleitkommazahlen), *Strings* (alphanumerische Zeichenketten) sowie der Platzhalter `None`. Alle diese Datentypen und ihre grundlegenden Operationen werden im Verlauf dieses Kapitels vorgestellt.

3.1 Boolesche Werte

Boolesche Werte sind binär und entsprechen immer den Wahrheitswerten wahr oder falsch. Diese werden in Python mit den Ausdrücken `True` (Wahr) und `False` (Falsch) dargestellt.
Für die Steuerung des Programmflusses sind boolesche Werte essentiell: beispielsweise könnte eine Inventarsoftware automatisch eine E-Mail versenden, falls die boolesche Variable `hat_bezahlt` in einer

Datenbank nach drei Wochen nach Rechnungsstellung immer noch den Wert `False` hat.
Folgendermaßen werden Variablen mit den beiden möglichen Werten `True` und `False` erzeugt:

```
sonne_scheint = True
kalt = False
```

```
print(sonne_scheint)
print(kalt)
```

```
True
False
```

3.2 Boolesche Algebra

Mit boolescher Algebra können Variablen, die mit booleschen Werten belegt sind, miteinander logisch verknüpft werden. Erst dadurch wird die Auswertung komplexer Bedingungen möglich.
Zur Verfügung stehen die Logikoperatoren **`not`** (nicht; Negation), **`and`** (und; Verknüpfung) und **`or`** (oder; Vereinigung).
`not` negiert einen booleschen Wert; aus `True` wird `False` und aus `False` wird `True`:

```
print(not True)
print(not False)
```

```
False
True
```

`and` verknüpft zwei boolesche Werte. Das Ergebnis ist genau dann `True`, wenn beide Werte `True` sind; ansonsten ist das Ergebnis `False`:

```
print(True and True)
print(True and False)
print(False and False)
```

```
True
False
False
```

Auch **or** verknüpft zwei Operanden. Im Gegensatz zu **and** ist das Ergebnis `True`, wenn mindestens einer der Operanden `True` ist:

```
print(True or True)
print(True or False)
print(False or False)
```

```
True
True
False
```

Die Logikoperatoren sind auch in Abbildung 3.1 visualisiert.

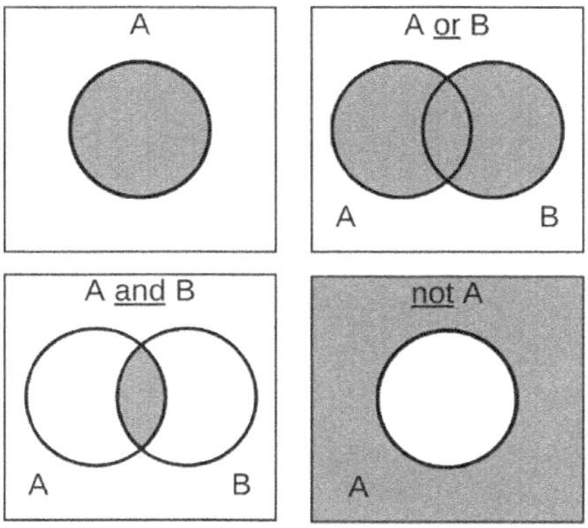

Abbildung 3.1: Die wichtigsten Operatoren der booleschen Algebra: `and` *(und, Konjunktion),* `or` *(oder, Disjunktion) und* `not` *(nicht, Negation). Das Diagramm zeigt das Ergebnis der booleschen Operation, falls sowohl* `A` *als auch* `B` *den Wert* `True` *haben. Die in den Diagrammen grau dargestellten Flächen entsprechen* `True` *als dem Ergebnis der booleschen Operation und die weißen Flächen dem Operationsergebnis* `False`*.*

Wichtig: Die Ausführungsreihenfolge der Logikoperatoren ist **not**, dann **and** und zuletzt **or**.
Überlegen Sie sich zuerst das Ergebnis und überprüfen Sie anschließend Ihre Lösung mit Python. Dabei können Klammern genutzt werden, um die Ausführungsreihenfolge festzusetzen – Ausdrücke in Klammern werden immer zuerst ausgeführt, wie es im folgenden Beispiel zu sehen ist.

```
1   print(False and False or True)
2   print(False and (False or True))
```

```
True
False
```

In der ersten Zeile wird das `and` zuerst ausgeführt: `False and False` ergibt `False`. Anschließend wird dieses Ergebnis mit dem `or`-Operator eingesetzt, also `False or True` mit dem Ergebnis `True`.
In der zweiten Zeile hingegen wird `False or True` durch die Klammerung priorisiert und zuerst ausgeführt mit dem Ergebnis `True`. Das anschließende Ausführen des `and`-Operators mit diesem Ergebnis, also `False and True`, ergibt wie gezeigt `False`.

3.3 Integers

Python unterscheidet zwei einfache Zahlentypen: Integers und Floats. Falls Ganzzahlen programmatisch verarbeitet werden sollen (beispielsweise ein Zähler), sind Integers vorzuziehen, da diese im Vergleich mit Floats einfacher sind in der Handhabung und außerdem weniger Speicher benötigen.

```
Integer = 33

print(integer)
```

```
33
```

Negative Integers werden einfach mit einem – als Vorzeichen versehen:

```
integer = -33

print(integer)
```

```
-33
```

3.4 Floats

Floats werden wie Integers erzeugt, haben aber zusätzlich einen Dezimalpunkt zur Trennung der Vorkomma- und Nachkommastellen:

```
gleitkommazahl = 3.3

print(gleitkommazahl)
```

```
3.3
```

Negativen Floats wird einfach ein Minus vorangestellt:

```
gleitkommazahl = -3.3

print(gleitkommazahl)
```

```
-3.3
```

Wichtig im Zusammenhang mit Floats ist die Funktion `round`. Mit `round` kann ein Float auf die nächste Integer gerundet werden:

```
gleitkommazahl = 3.3

print(round(gleitkommazahl))
```

```
3
```

Weiterhin kann mit `round` auf eine fixe Anzahl von Nachkommastellen gerundet werden. Dazu nimmt `round` die Anzahl der Nachkommastellen als Parameter an:

```
gleitkommazahl = 3.33333

print(round(gleitkommazahl, 2))
```

```
3.33
```

3.5 Arithmetik

Von Haus aus unterstützt Python die gängigen arithmetischen Operationen Addition (+), Subtraktion (-), Multiplikation (*), Potenzierung (**), Division (/), Ganzzahldivision (//) und Modulo (ganzzahliger Rest einer Division, %).
Addition:

```
print(-3.45 + 100)
```

```
96.55
```

Subtraktion:

```
print(0.5 - 17.1)
```

```
-16.6
```

Multiplikation:

```
print(3 * 2.5)
```

```
7.5
```

Division:

```
print(7 / 5)
```

```
1.4
```

Ganzzahldivision:

```
print(7 // 5)
```

```
1
```

Potenzierung:

```
print(3 ** 2)
```

```
9
```

Modulo:

```
print(12 % 9)
```

```
3
```

Wie gezeigt, ist das Ergebnis ein Float-Wert, falls eine Operation auf sowohl Integer- als auch Floatoperanden ausgeführt wird.

Komplexere mathematische Methoden werden im später separat vorgestellten Modul math[12] bereitgestellt. Weiterhin gibt es die Zusatzbibliotheken NumPy[13] und Pandas[14], welche die Anwendung komplexer Mathematik mit hoher Effizienz auf große Datenmengen ermöglichen.

3.6 Strings

Neben Zahlen und Wahrheitswerten sind alphanumerische Zeichenketten, sogenannte *Strings*, ein fundamentaler Datentyp in Python. Dabei werden beliebige alphanumerische Zeichen aneinandergereiht und von doppelten (") oder einfachen (') Hochkommata eingeschlossen:

```
ein_string = "hH\%123."

print(ein_string)
```

```
hH\%123.
```

Strings unterstützen zwei elementare Operationen: Konkatenation zweier Strings mit + sowie Multiplikation eines Strings mit * und einem Integerwert:

```
print("String " + "Konkatenation")
print("Stringmultiplikation " * 3)
```

```
String Konkatenation
Stringmultiplikation Stringmultiplikation
Stringmultiplikation
```

12 https://docs.python.org/3/library/math.html
13 https://numpy.org
14 https://pandas.pydata.org

Strings haben einige Gemeinsamkeiten mit der fortgeschrittenen Datenstruktur *Liste*, insbesondere den Zugriff auf Elemente mit Indizierung. Dies wird im nächsten Kapitel gezeigt.

3.6.1 Mehrzeilige Strings

Ein wichtiges Sonderzeichen für die Formatierung von Strings ist das Zeilenumbruchszeichen
`\n`. Bei der Ausgabe eines Strings im Terminal wird der Teil nach jedem `\n` in eine neue Zeile gesetzt:

```
print("Zeilen\num\nbruch")
```

```
Zeilen
um
bruch
```

Es ist aber auch möglich, mehrzeilige Strings ohne Zeilenumbruchszeichen zu definieren. Dazu wird der String lediglich mit dreifachen anstatt einfachen Anführungszeichen eingefasst; anschließend kann der String mehrere Zeilen umfassen, wie hier im Beispiel gezeigt:

```
mehrzeilig = """Hallo
Welt
"""

print(mehrzeilig)
```

```
Hallo
Welt
```

Die letzte Zeile enthält keine Zeichen und ist daher eine Leerzeile.

3.6.2 Stringformatierung

Ein besonders wichtiges Thema im Zusammenhang mit Strings ist die Formatierung von Strings. Dabei ist es das Ziel, Werte in Strings einzufügen, ohne dabei die Strings mühsam neu zusammenzusetzen. Dazu gibt es verschiedene Methoden.

Die neuste und praktischste Möglichkeit zur Stringformatierung in Python sind die sogenannten *f-Strings*. Dabei werden Strings mit einem vorangestellten **f** markiert und anschließend Variablen über ihren Bezeichner in geschweiften Klammern (**{ }**) im String eingebunden:

```
produkt = "Bananen"
zahl = 3

print(f"{zahl} {produkt} einkaufen!")
```

```
3 Bananen einkaufen!
```

Dabei ist zu beachten, dass eingesetzte Variablen wie hier die Variable `zahl` dabei automatisch in Strings konvertiert werden. Auf diese Weise können auch Floats und boolesche Werte einfach in einen String eingesetzt werden.

f-Strings werden bei der Erzeugung evaluiert und fest mit Werten belegt. Wenn die Variablen anschließend ihren Wert ändern bleibt ihr Wert in einem vorher erzeugten f-String unverändert:

```
produkt = "Bananen"
ein_string = f"{produkt} einkaufen!"
print(ein_string)

produkt = "Orangen"
print(ein_string)
```

```
Bananen einkaufen!
Bananen einkaufen!
```

Außerdem unterstützen f-Strings die Ausführung von beliebigem Python-Code. Ausdrücke werden dabei wie auch Variablen in geschweifte Klammern eingefasst, wie hier in einem einfachen Beispiel gezeigt:

```
print(f"{2 * 21}")
```

```
42
```

Aber auch komplexere Ausdrücke wie Funktionsaufrufe können in f-Strings eingebettet werden.

3.7 Exkurs: Variablen erzeugen, ändern und ausgeben

Wie im vorherigen Abschnitt gezeigt, werden in Python Variablen mit einer einfachen Zuweisungsoperation angelegt. Siehe dazu auch Abbildung 3.2, in welcher eine Variable x mit einer Ganzzahl und eine Variable y mit einem String belegt wird.

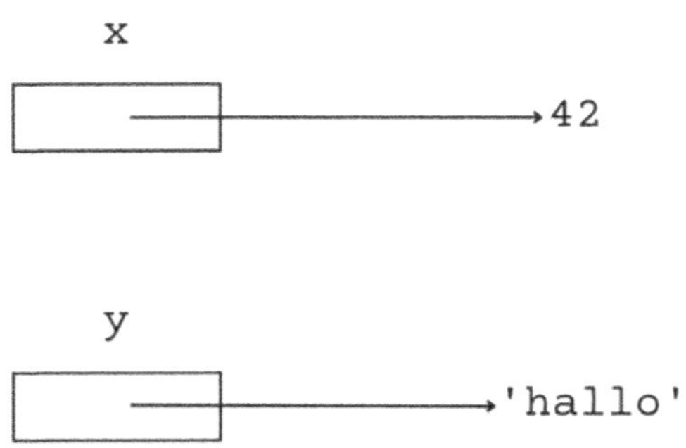

Abbildung 3.2: Zwei Variablen bekommen verschiedene Datentypen zugewiesen.

Der Programmcode der Zuweisung eines Wertes zu einer Variablen sieht bekannterweise folgendermaßen aus:

```
wahrheitswert = True
```

Achtung: Im Gegensatz zu einigen anderen Programmiersprachen werden in Python Variablen nicht explizit deklariert. Eine Variable wird neu angelegt, falls der Bezeichner der Variablen noch nicht vorhanden ist. Existiert jedoch der Bezeichner bereits, dann wird der Wert dieser Variablen ohne Warnung überschrieben. Dies ist eine der häufigsten Fehlerquellen beim Einstieg in Python!

Für den Fall, dass mehrere Variablen mit Werten belegt werden sollen, bietet Python eine Abkürzung: die multiple Zuweisung kann in einer einzelnen Zeile erfolgen. Dazu hier ein Beispiel:

```
sonne_scheint, kalt = True, False
```

Dabei werden einfach die Variablen und die gewünschten Werte per Komma getrennt und aneinandergereiht.
Im Codebeispiel des vorherigen Abschnitts wurde die Funktion `print` zweimal aufgerufen, um die Werte zweier Variablen auszugeben. Praktischerweise kann `print` auch mehrere Werte mit einem einzigen Aufruf ausgeben. Diese werden einfach per Komma getrennt in der gewünschten Ausgabereihenfolge aneinandergereiht:

```
sonne_scheint, kalt = True, False

print(sonne_scheint, kalt)
```

```
True False
```

Es sollte jedoch darauf geachtet werden, nicht zu viele Variablen auf einmal auszugeben, da die Ausgabe sonst leicht schwierig nachvollziehbar wird.
Hilfreich ist die Verwendung von dekorativen Strings, beispielsweise mit den Namen der auszugebenden Variablen:

```
sonne_scheint, kalt = True, False

print("sonne_scheint:", sonne_scheint,
"kalt:", kalt)
```

```
sonne_scheint: True kalt: False
```

Sehr praktisch ist hier wieder die Verwendung des Zeilenumbruchzeichens `\n`:

```
sonne_scheint, kalt = True, False

print("sonne_scheint:", sonne_scheint, "\
nkalt:", kalt)
```

```
sonne_scheint: True
kalt: False
```

3.8 Der Datentyp *None*

Ein weiterer elementarer Datentyp in Python ist der Datentyp `None`. Dieser ist Platzhalter und zeigt an, dass kein Wert irgendeines Datentyps vorliegt. Die Zuweisung von `None` als Wert erfolgt wie hier gezeigt:

```
kein_wert = None

print("Der Wert der Variablen ist", kein_wert)
```

```
Der Wert der Variablen ist None
```

Welche Bedeutung hat `None` in der Programmierung?
Ein beliebter Verwendungszweck ist die Initialisierung von Variablen mit `None`. Falls im weiteren Programmverlauf eine Variable entgegen der Erwartung immer noch den Wert `None` hat, ist es klar, dass die Variable nicht richtig verarbeitet wurde. Wenn sie hingegen einen anderen Wert hat, kann die Programmausführung fortgesetzt werden.

Übungsaufgaben
Materialien zum Buch

Die Materialien zum Buch sowie Videos mit Hilfen zur Installation können Sie unter der Adresse
https://akademie.datamics.com/python-buchmaterialien/
oder mit folgendem QR-Code erreichen:

4 Komplexe Datentypen

"The human animal differs from the lesser primates in his passion for lists."

– H. Allen Smith

Die im vorangegangenen Kapitel vorgestellten Datentypen boolescher Wert, Integer, Float und String sind zentral für die Verarbeitung einfacher Daten in einem Programm. Allerdings sind sie unzureichend für die Entwicklung komplexer Anwendungen. Es wäre beispielsweise höchst umständlich und unpraktikabel, eine große Anzahl von Floats in je einer eigenen, benannten Variablen zu speichern.

Um solche und andere anspruchsvolle Anforderungen zu erfüllen, stellt Python eine Reihe von komplexen Datentypen zur Verfügung. Einer der wichtigsten komplexen Datentypen in Python sind *Listen* genannte Aneinanderreihungen von Elementen beliebiger Datentypen, die dynamisch (also im Programmlauf) modifiziert werden können.

Ähnlich funktionieren auch die ebenfalls bedeutenden *Tupel*; im Gegensatz zu Listen können Tupel aber nicht dynamisch verändert werden (sie sind **immutabel**; immutable Datentypen werden in Kürze genauer betrachtet).

Ein weiterer essentieller komplexer Datentyp ist das *Dictionary* (Deutsch Wörterbuch). Dictionaries sind assoziative Speicher, in denen Daten in der Form von Schlüssel-Wert-Paaren gespeichert werden.

4.1 Listen

Eine Liste in Python ist eine Aneinanderreihung von Elementen beliebiger Datentypen (siehe auch die erste Graphik von Abbildung 4.1). Die Länge einer Liste ist nur durch den Speicher des Rechners begrenzt und kann dynamisch verändert werden, indem Elemente hinzugefügt oder entfernt werden. Die in einer Liste gespeicherten Daten können verschiedenen Datentypen entsprechen; beispielsweise kann eine einzige Liste sowohl Strings als auch Integers als auch boolesche Werte enthalten.
Die einzelnen Elemente einer Liste werden per Komma getrennt und die gesamte Liste ist von eckigen Klammern ([]) eingeschlossen:

```
liste = [0, "eins", 2.0]

print(liste)
```

```
[0, 'eins', 2.0]
```

Dabei können Listen auch beliebig tief ineinander geschachtelt werden:

```
liste = [0, [1, [2]]]

print(liste)
```

```
[0, [1, [2]]]
```

4.1.1 Indizierung

Mittels Indizierung wird auf die einzelnen Elemente einer Liste zugegriffen. Wie auch in der zweiten Graphik in Abbildung 4.1

dargestellt wird dazu der Index des gewünschten Elements der Liste in eckigen Klammern übergeben:

```
liste = [0, "eins", 2.0]

print(liste[1])
```

```
'eins'
```

Achtung: Die Indizierung beginnt mit dem Index **0** für das erste Element! Der Zugriff auf die Liste mit dem Index **1**, also `liste[1]`, gibt daher, wie im Beispiel gezeigt, das zweite Element (hier den String "`eins`") zurück.
Geschachtelte Listen können mit geschachtelter Indizierung angesprochen werden:

```
liste = [0, [1, [2]]]

print(liste[1][1][0])
```

```
2
```

Es sollte aber darauf geachtet werden, Listen flach zu halten. Verschachtelte Listen sind schwierig zu verstehen und widersprechen damit einem fundamentalen Prinzip der Programmierung mit Python – alles möglichst verständlich zu programmieren.
Falls einem Listenelement an einem gegebenen Index ein anderer Wert zugewiesen werden soll, erfolgt dies ebenfalls per Indizierung:

```
liste = [0, "eins", 2.0]
liste[0] = "null"

print(liste)
```

```
['null', 'eins', 2.0]
```

Anstatt vom ersten Element aus kann auch rückwärts, also ausgehend vom letzten Element, auf eine Liste zugegriffen werden. Dabei wird ein negativer Index übergeben; das letzte Element einer Liste hat den Index **-1**:

```
liste = [0, "eins", 2.0]

print(liste[-2])
```

```
'eins'
```

4.1.2 Slicing

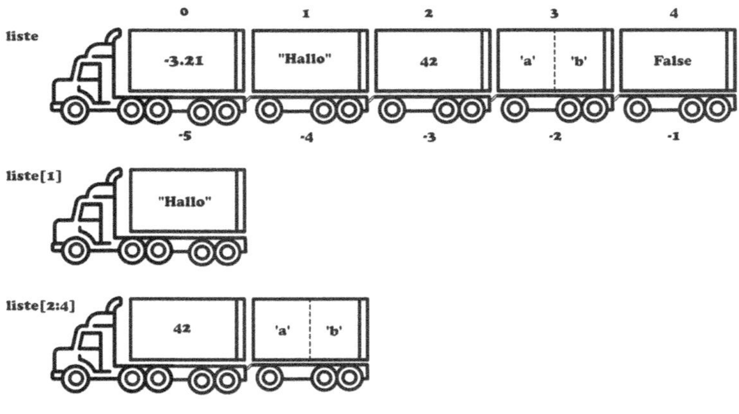

Abbildung 4.1: Listen sind Aneinanderreihungen beliebiger Datentypen und erlauben auch Schachtelung. Einzelne Listenelemente können per Indizierung mit eckigen Klammern angesprochen werden, wobei das erste Element den Index **0** *hat. Slicing gestattet den Zugriff auf mehrere Elemente in einem einzigen Schritt.*

Die im vorherigen Abschnitt gezeigte einfache Indizierung erlaubt nur den Zugriff auf ein einzelnes Element einer Liste. Mit *Slicing* (etwa: ausschneiden) ist der Zugriff auf mehrere Elemente gleichzeitig möglich. Beispielsweise könnten mittels Slicing die ersten sechs Zahlen einer zufällig gemischten Liste von Lottozahlen erhalten werden.
Der erste Parameter beim Slicing ist der Startindex, gefolgt vom Endindex und zuletzt der Schrittweite, wobei die Parameter durch Doppelpunkte getrennt werden, siehe auch die unterste Graphik in Abbildung 4.1.

Wichtig: Slicing-Operationen erfolgen inklusive Startindex, aber exklusive Endindex!
Dazu ein Beispiel zur Demonstration:

```
liste = [0, 1, 2, 3, 4, 5, 6, 7, 8, 9]

print(liste[1:7:2])
```

```
[1, 3, 5]
```

Der Startindex von `[1:7:2]` ist **1**, daher beginnt das Slicing mit dem Wert **1** in der Liste. Die Schrittweite ist **2** und der Endindex **7**. Da der Endindex `liste[7]` mit dem Wert **7** exklusive und daher nicht im Ergebnis des Slicings enthalten ist, erzeugt das obige Slicing die Ausgabe `[1, 3, 5]`.
Slicing gestattet einige Abkürzungen. Wenn keine Schrittweite angegeben wird, wird als Standardwert eine Schrittweite von **1** angenommen:

```
liste = [0, 1, 2, 3, 4, 5, 6, 7, 8, 9]

print(liste[1:7])
```

```
[1, 2, 3, 4, 5, 6]
```

Ebenso kann der Startindex weggelassen werden:

```
liste = [0, 1, 2, 3, 4, 5, 6, 7, 8, 9]

print(liste[:7])
```

```
[0, 1, 2, 3, 4, 5, 6]
```

Auch auf den Endindex kann verzichtet werden, wenn die Slicing-Operation bis zum letzten Listenelement durchgeführt werden soll:

```
liste = [0, 1, 2, 3, 4, 5, 6, 7, 8, 9]

print(liste[1:])
```

```
[1, 2, 3, 4, 5, 6, 7, 8, 9]
```

Es ist auch möglich, eine Schrittweite anzugeben, aber den Start- oder Endindex wegzulassen:

```
liste = [0, 1, 2, 3, 4, 5, 6, 7, 8, 9]

print(liste[:5:2])
print(liste[4::2])
```

```
, 2, 4]
[4, 6, 8]
```

Falls eine Schrittweite auf die gesamte Liste angewendet werden soll, können Start- und Endindex weggelassen werden:

```
liste = [0, 1, 2, 3, 4, 5, 6, 7, 8, 9]

print(liste[::2])
```

```
[0, 2, 4, 6, 8]
```

Wird für die Schrittweite ein negativer Integerwert angegeben, beginnt das Slicing rückwärts vom Ende der Liste aus:

```
liste = [0, 1, 2, 3, 4, 5, 6, 7, 8, 9]

print(liste[::-2])
```

```
[9, 7, 5, 3, 1]
```

Hinweis: Slicing ist gerade für Einsteiger ein herausforderndes Thema. Eigene Experimente mit den eben gezeigten Slicing-Operationen sind daher unbedingt zu empfehlen!

4.1.3 Indizierung und Slicing für Strings

Der im vorherigen Kapitel vorgestellte Datentyp String unterstützt ebenfalls die hier für Listen gezeigten Indizierungs- und Slicingoperationen, ausgenommen der Zuweisung von Werten. Beispielsweise kann das jeweils zweite Zeichen eines Strings wie folgt ausgegeben werden:

```
ein_string = "hxaylqlro"

print(ein_string[::2])
```

```
hallo
```

4.1.4 Listenoperationen

Indizierung und Slicing sind fundamentale Listenoperationen. Um den Umgang mit dem fortgeschrittenen Datentyp Liste zu vereinfachen, stellt Python viele weitere praktische Funktionalitäten zur Verfügung.

Wie groß ist die Liste? Wie können Elemente hinzugefügt oder gelöscht werden? Enthält die Liste ein bestimmtes Element und wenn ja, an welchem Index? Wie können zwei Listen miteinander vereinigt werden? Solcherlei Anforderungen können in Python mit geringem Aufwand gelöst werden; auch das Sortieren einer Liste ist schnell realisiert.

In diesem Kapitel werden die wichtigsten Methoden zum Umgang mit Strings vorgestellt. Eine Zusammenfassung dieser ist in Tabelle 4.1 enthalten.

Element anhängen

Mit der in Abbildung 4.2 visualisierten Methode `.append` wird ein Element an eine Liste angehängt:

```
python liste = [0, 1]
liste.append(2)

print(liste)
```

```
[0, 1, 2]
```

Da Listengröße in Python dynamisch ist, kann `.append` beliebig oft ausgeführt werden.

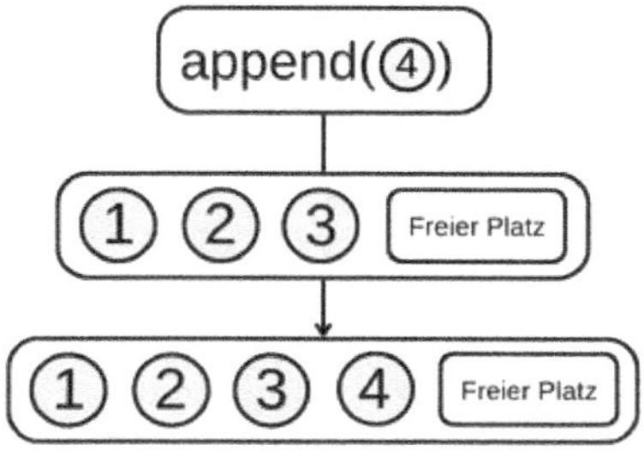

Abbildung 4.2: Durch `.append` *wird ein neues Element am Ende der Liste hinzugefügt.*

Element entfernen

Die Methode `.remove` entfernt das übergebene Element mit dem niedrigsten Index; darauffolgende Elemente mit dem gleichen Wert werden nicht entfernt:

```
python liste = [0, 1, 2, 1]
liste.remove(1)

print(liste)
```

```
[0, 2, 1]
```

Siehe dazu auch Abbildung 4.3.

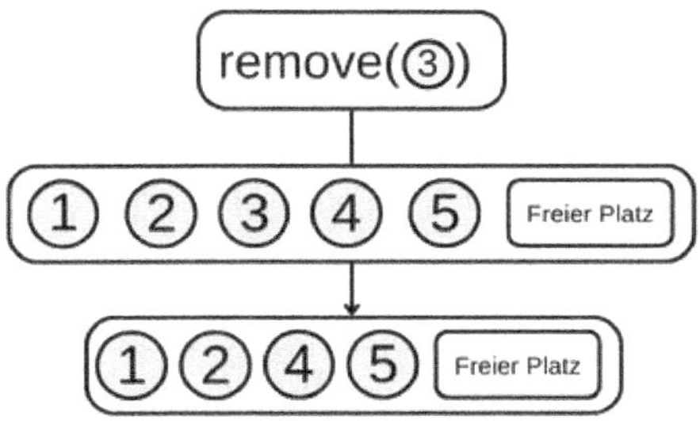

Abbildung 4.3: Mittels `.remove` *wird das erste Auftreten eines Elements aus einer Liste entfernt.*

Element suchen

Der Index eines Elements wird mit der Methode `.index` ermittelt. Dabei wird der Index des ersten gefundenen Elements übergeben:

```
liste = [0, 1, 2, 1]

print(liste.index(1))
```

```
1
```

Falls das Element in der Liste nicht enthalten ist (beispielsweise `liste.index(a)` in obigem Beispiel), wird eine *Exception* (Deutsch *Ausnahme*) ausgelöst und das Programm bricht ab:

```
print([0, 1, 2, 1].index('a'))
```

```
Traceback (most recent call last):
    File "<stdin>", line 1, in <module>
ValueError: 'a' is not in list
```

Exceptions werden in einem Unterkapitel des nächsten Kapitels genauer betrachtet.

Listengröße

Die Funktion `len` gibt die Anzahl der Elemente einer Liste zurück:

```
print(len([0, 1, 2]))
```

```
3
```

Hinweis: `len` ermittelt auch die Anzahl von Zeichen in einem String:

```
print(len("abcd")
```

```
4
```

Listenkonkatenation

Wie auch Strings werden Listen mit dem Operator + miteinander verbunden:

```
liste1, liste2 = [0, 1], [2, 3]

print(liste1 + liste2)
```

```
[0, 1, 2, 3]
```

Listen sortieren

In vielen Fällen ist das Sortieren von Listen erforderlich, beispielsweise um einer Online-Handelsplattform ähnliche Produkte aufsteigend nach Preis sortiert anzuzeigen. In Python steht zu diesem Zweck die Methode `.sort` zur Verfügung:

```
liste = [3, 0, 1, 2, 1]
liste.sort()

print(liste)
```

```
[0, 1, 1, 2, 3]
```

Mit geringem Aufwand kann die Sortierung absteigend statt aufsteigend durchgeführt werden. Dazu muss man nur der Methode `.sort` den Parameter `reverse=True` übergeben:

```
liste = [3, 0, 1, 2, 1]
liste.sort(reverse=True)

print(liste)
```

```
[3, 2, 1, 1, 0]
```

Achtung: Werden Strings und nicht Zahlen sortiert, dann erfolgt die Sortierung aufsteigend nach den Indizes der Zeichen in der Unicode-Tabelle[15]. Da in dieser die Kleinbuchstaben auf die Großbuchstaben folgen, wird beispielsweise `"Bb"` vor `"aA"` einsortiert!

```
liste = ["aA", "Bb"]
liste.sort()

print(liste)
```

```
['Bb', 'aA']
```

Methode	Effekt	Beispiel	Ergebnis
`.append`	Element hinzufügen	`liste.append(9)`	`[3, 0, 1, 2, 1, 9]`
`.remove`	Element entfernen	`liste.remove(1)`	`[3, 0, 2, 1]`
`.index`	Element suchen	`liste.index(2)`	`3`
`len`	Listengröße	`len(liste)`	`5`
`+`	Konkatenation	`liste + [8, 9]`	`[3, 0, 1, 2, 1, 8, 9]`
`.sort`	Liste sortieren	`liste.sort()`	`[0, 1, 1, 2, 3]`

Tabelle 4.1: Listenoperationen. Die Codebeispiele verwenden alle die Liste `liste = [3, 0, 1, 2, 1]` als Grundlage.

15 https://unicode-table.com/en

4.1.5 Listen- und Stringkonversion

In vielen Fällen ist es gewünscht, entweder einen String anhand von Trennzeichen in eine Liste von Teilstrings aufzuteilen oder eine Liste von Strings zu einem einzigen String zusammenzufügen. Ersteres kann beispielsweise genutzt werden, um in einem Satz nach Schlüsselwörtern zu suchen. Zweiteres ist zum Beispiel für die Generierung von Ausgaben für den Anwender interessant.
Praktischerweise stellt Python dafür die Methoden `.split` zum Aufspalten eines Strings in eine Liste von Teilstrings und `.join` zum Zusammenfügen einer Liste von Strings bereit. `.split` wird von dem String, der aufgeteilt werden soll, ausgeführt und nimmt den Trennstring als Parameter an:

```
ein_string = "vorname.|.nachname"

print(ein_string.split(".|."))
```

```
['vorname', 'nachname']
```

`.join` nimmt eine Liste von zu verbindenden Strings an und wird auf den String, über den die Teilstrings miteinander verbunden werden, angewendet. Falls ein Satz erzeugt werden soll, wird als Verbindungsstring einfach `" "` gewählt:

```
liste = ["dies", "ist", "ein", "satz"]

print(" ".join(liste))
```

```
'dies ist ein satz'
```

4.2 Mutabilität

In Python ist ein Datentyp entweder **mutabel** (veränderlich) oder **immutabel** (unveränderlich); diese Eigenschaft wird auch *Mutabilität* eines Datentyps genannt. Der Unterschied lässt sich am einfachsten anhand von Listen und Strings demonstrieren. Wie gezeigt unterstützen sowohl Listen als auch Strings Indizierungsoperationen:

```
liste = ["a", "b"]
ein_string = "ab"

print(liste[1], ein_string[1])
```

```
b b
```

Wie bekannt, können Elemente von Listen nachträglich verändert werden:

```
liste = ["a", "b"]
liste[0] = "b"

print(liste)
```

```
['b', 'b']
```

Falls aber versucht wird, ein Zeichen in einem String zu ersetzen, dann wird eine Exception ausgelöst:

```
ein_string = "ab"
ein_string[0] = "b"
```

```
Traceback (most recent call last):
  File "book_code.py", line 121, in <module>
    ein_string[0] = "b"
TypeError: 'str' object does not support item
assignment
```

Die Exception besagt, dass Zuweisungen zu String-Objekten nicht erlaubt sind. Sie wird bei der Stringzuweisung ausgelöst, da Strings immutabel sind, im Gegensatz zum mutablen Datentyp Liste.

Immutable Datentypen können im Programmlauf nicht verändert werden, ohne dass eine Exception ausgelöst wird. Das gilt sowohl für die Zuweisung von Werten, als auch für das Anhängen weiterer Werte. Um Strings oder andere immutable Datentypen zu verlängern, muss die Datenstruktur mit dem geänderten oder zusätzlichen Wert neu erzeugt werden.

Mutable Datentypen wie Listen stellen stattdessen Operationen wie im Fall von Listen `.append` bereit, mit der eine bestehende Liste verlängert wird, ohne dabei neu erzeugt werden zu müssen.

Die Erweiterung einer Liste mit `.append` ist schneller als die Erzeugung eines neuen, verlängerten Tupels. Dafür werden Operationen auf Tupeln wie beispielsweise eine Iteration über die Werte des Tupels von Python etwas schneller verarbeitet, da ein Tupel im Gegensatz zu einer Liste einen fest definierten und dadurch kleineren Bereich im Speicher einnimmt. Dies gilt auch für andere immutable Datentypen: die Verwendung eines Strings anstatt einer Liste der einzelnen Zeichen des Strings ist allgemein effizienter. Zusätzlich schützt die Immutabilität vor versehentlichen Änderungen an erwartungsgemäß konstanten Daten.

Eine Übersicht der Mutabilität elementarer Datentypen in Python ist in Tabelle 4.2 dargestellt.

Bezeichner	Funktion	Mutabilität
`bool`	Boolesche Variable	Immutabel
`int`	Ganzzahl	Immutabel
`float`	Gleitkommazahl	Immutabel
`list`	Aneinanderreihung von Elementen	Mutabel
`tuple`	Aneinanderreihung von Elementen mit definierter Länge	Immutabel
`str`	Aneinanderreihung alphanumerischer Zeichen	Immutabel
`set`	Menge von (einzigartigen) Elementen	Mutabel
`frozenset`	Immutable Menge von (Mutabel) Elementen	Immutabel
`dict`	Assoziativer Speicher	Mutabel

Tabelle 4.2: Mutabilität von Datentypen

4.3 Tupel

Tupel sind wie Listen eine Aneinanderreihung beliebiger Datentypen, dabei jedoch immutabel. Die Syntax von Tupeln ist sehr ähnlich zur Syntax von Listen, jedoch werden Tupel mit runden Klammern definiert:

```
tupel = (0, 1, "a", True)

print(tupel)
```

```
(0, 1, 'a', True)
```

Es ist am besten, ein Tupel mit einem Komma nach dem letzten Element zu beenden, damit Python die Klammern eines Tupels nicht versehentlich mit mathematischen Klammern verwechselt:

```
print((5) + (7))
print((5,) + (7,))
```

```
12
(5, 7)
```

Der erste Aufruf wird von Python korrekt als mathematische Operation erkannt. Durch die abschließenden Kommata im zweiten Aufruf weiß Python, dass wir Tupel aneinanderhängen und nicht Zahlen in Klammern addieren möchten.

Hinweis: Bei dem immutablem Datentyp Tupel wird bei einer Konkatenation wie `(5,) + (7,)` nicht das erste Tupel um das zweite ergänzt, sondern wie im Abschnitt *Immutabilität* erklärt ein neues Tupel erzeugt!

Wie auch Listen können Tupel beliebig geschachtelt werden:

```
print((5, ("a", 1,),))
```

```
(5, ('a', 1))
```

Hinweis: Obwohl es möglich ist, sollten mutable Datentypen nicht in immutablen Datentypen abgelegt werden, also zum Beispiel Listen in Tupeln. Die Mutabilität bleibt erhalten, wodurch gegebenenfalls sehr schwierig zu findende Fehler auftreten können!

Indizierung und Slicing von Tupeln funktioniert wie bei Listen:

```
tupel = ('h', 1, 'a', 2, 'l', 3, 'l', 4,
'o',)

print(tupel[2])
print(tupel[::2])
```

```
a
('h', 'a', 'l', 'l', 'o')
```

4.3.1 Tuple unpacking

Tupel (und auch Listen) unterstützen das sogenannte *Tuple unpacking*, bei dem die Elemente eines Tupels in einzelne Variablen entpackt werden. Dazu hier ein Beispiel, wie die Elemente eines Tupels der Länge **3** in drei Variablen entpackt werden:

```
tupel = (1.0, "zwei", 3)
wert1, wert2, wert3 = tupel

print(wert1, wert2, wert3)
```

```
1.0 zwei 3
```

Hinweis: Die Anzahl der Variablen muss der Anzahl der entpackten Elemente entsprechen, damit keine Exception ausgelöst wird. Aus diesem Grund sind immutable Tupel mit fixer Länge bei Entpackungsoperationen gegenüber den dynamischen Listen klar vorzuziehen!

4.4 Dictionaries

Dictionaries sind assoziative Speicher: für jeden Wert, der im Dictionary abgespeichert wird, existiert genau ein Schlüssel, über den auf ihn zugegriffen werden kann.

Die Anwendungsfälle von Dictionaries sind vielfältig. Während Listen oder Tupel gut geeignet sind, um beispielsweise Zahlenreihen zu speichern, werden mit Dictionaries Beziehungen zwischen Daten hergestellt. Eine solche Beziehung kann ein Name als Schlüssel mit einer Adresse als Wert in einem digitalen Adressbuch, oder auch eine Produktidentifikationsnummer als Schlüssel

und die Produktinformation als Wert in einer Inventarsoftware sein.
Unter diesem Blickwinkel ist ein Dictionary eine sehr einfache Variante einer Datenbank.

4.4.1 Dictionaries initialisieren

Dictionaries werden am einfachsten mit geschweiften Klammern `{}` erzeugt:

```
dictionary = {}
```

Bei der Erzeugung eines Dictionaries können auch Schlüssel-Wert-Paare übergeben werden. Dabei werden Schlüssel und Wert per Doppelpunkt und die einzelnen Paare mit Komma getrennt:

```
dictionary = {1: "Gold", 2: "Silber", 3:
"Bronze"}

print(dictionary)
```

```
{1: 'Gold', 2: 'Silber', 3: 'Bronze'}
```

In diesem in Abbildung 4.4 visualisiertem Beispiel sind die Schlüssel Integers und die Werte Strings. Schlüssel und Werte können jedoch beliebigen Datentypen entsprechen. Zur Demonstration hier ein rudimentäres Adressbuch in Form eines Dictionaries mit dem Nachnamen als Schlüssel und als Wert die zum Nachnamen gehörigen Adressinformationen zusammengefasst in einem Tupel:

```
adressbuch = {"Mustermann": ("Max",
"Musterstrasse", 15), "Musterfrau":
("Melanie", "Musterstrasse", 16)}

print(adressbuch)
```

```
{'Mustermann': ('Max', 'Musterstrasse', 15),
'Musterfrau': ('Melanie', 'Musterstrasse', 16)}
```

Hinweis: Die Datentypen von Schlüsseln und Werten können in einem einzigen Dictionary beliebig gemischt werden. Dasselbe Dictionary könnte beispielsweise Integer-Schlüssel mit Listen als Werten als auch String-Schlüssel mit Float-Werten enthalten. Dies ist aber nicht zu empfehlen, da ein solches Dictionary sowohl schwierig zu verarbeiten als auch schwer verständlich ist. Am besten ist es, den Datentyp der Schlüssel und der Werte in einem Dictionary konstant zu halten!

4.4.2 Schlüssel und Werte

Wie können die Werte eines Dictionaries ausgelesen werden? Dazu muss dem Dictionary der gesuchte Schlüssel in eckigen Klammern übergeben werden:

```
dictionary = {1: "Gold", 2: "Silber",
3:"Bronze"}

print(dictionary[2])
```

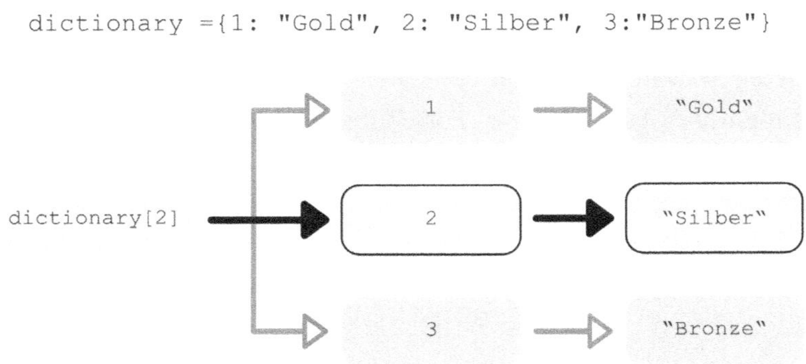

Abbildung 4.4: Dictionaries sind assoziative Speicher. Die in einem Dictionary gespeicherten Daten werden über ihre Schlüssel angesprochen, hier der Wert `Silber` des Schlüssels `2`.

Hinweis: Wird das Dictionary mit einem nicht existierenden Schlüssel aufgerufen, also beispielsweise im obigen Beispiel mit `dictionary[4]`, erfolgt eine Exception und das Programm bricht ab! Neue Schlüssel-Wert-Paare werden mit dem neuen Schlüssel in eckigen Klammern und der Zuweisung des zugehörigen Wertes angelegt:

```
adressbuch = {}
adressbuch["Mustermann"] = ("Max",
"Musterstrasse", 15)

print(adressbuch)4
```

```
{'Mustermann': ('Max', 'Musterstrasse',15)}
```

Achtung: Falls der Schlüssel bereits im Dictionary enthalten ist, wird der Wert des Schlüssels überschrieben:

```
adressbuch = {"Mustermann": ("Max",
"Musterstrasse", 15)}
print(adressbuch)

adressbuch["Mustermann"] = ("Michael",
"Beispielstrasse", 1)
print(adressbuch)
```

```
{'Mustermann': ('Max', 'Musterstrasse', 15)}
{'Mustermann': ('Michael', 'Beispielstrasse', 1)}
```

Der Schlüssel "`Mustermann`" wurde durch ein neues Tupel ersetzt, ohne dass eine Exception ausgelöst wurde.
Wie auch bei Listen und Strings gibt `len` die Größe (also die Anzahl von Schlüssel-Wert-Paaren) eines Dictionaries zurück:

```
print(len({1: "Gold", 2: "Silber",
3:"Bronze"}))
```

```
3
```

Zum Löschen eines Schlüssel-Wert-Paares wird die Funktion `del` auf den Schlüssel des zu löschenden Schlüssel-Wert-Paares angewendet:

```
dictionary = {1: "Gold", 2: "Silber",
3:"Bronze"}
del dictionary[3]

print(dictionary)
```

```
{1: 'Gold', 2: 'Silber'}
```

Der Schlüssel `3` wurde gelöscht und ist im Dictionary nicht mehr enthalten.

4.4.3 Dictionaries vereinigen

Manchmal ist es erforderlich, die Schlüssel-Wert-Paare zweier Dictionaries in einem einzigen Dictionary zusammenzufassen. Dafür gibt es die Methode `.update`, die auf ein Dictionary angewendet wird und das zu integrierende Dictionary als Parameter annimmt:

```
dict1, dict2 = {1: "Gold"}, {2: "Silber"}
dict1.update(dict2)

print(dict1)
```

```
{1: 'Gold', 2: 'Silber'}
```

Beachte: Ist ein Schlüssel sowohl im ersten als auch im zweiten Dictionary enthalten, dann wird der Wert im ersten mit dem entsprechenden Wert des zweiten Dictionaries überschrieben:

```
dict1, dict2 = {1: "Gold"}, {1: "Gewinner", 2: "Silber"}
dict1.update(dict2)

print(dict1)
```

```
{1: 'Gewinner', 2: 'Silber'}
```

In diesem Beispiel hat der Schlüssel `1` daher den neuen Wert `"Gewinner"`.

4.5 Mutable Datentypen kopieren

Wie im Abschnitt *Mutabilität* beschrieben, werden Datentypen in Python nach ihrer Mutabilität unterschieden. Strings und Tupel sind immutabel, Listen und Dictionaries hingegen mutabel.
Wird einer Variablen ein immutabler Datentyp zugewiesen, dann speichert die Variable den Wert dieses Datentyps an einer separaten, nur dieser Variablen entsprechenden Position im Speicher.
Dazu ein Beispiel für den immutablen Datentyp String:

```
string1 = "Hallo"
string2 = string1
string1 = "Test"

print(string1, string2)
```

```
Test Hallo
```

`string2` wird `string1` zugewiesen und nimmt dadurch den Wert `"Hallo"` an. Im nächsten Schritt nimmt `string1` den neuen Wert `"Test"` an. Wie in der Ausgabe gezeigt bleibt `string2` bei dem ursprünglichen Wert `"Hallo"`, da die Speicherposition von `string2` unabhängig von der von `string1` ist.

Wird hingegen einer Variablen ein mutabler Datentyp zugewiesen, dann speichert die Variable eine **Referenz** auf den Datentyp und nicht den eigentlichen Wert.

Das ist bedeutend, falls eine mutable Datenstruktur einer weiteren Variablen zugewiesen wird. Beide Variablen zeigen dann auf die gleichen Datenstruktur. Wird eine der beiden Variablen verändert, übernimmt die zweite Variable diese Änderung, da sie beide Referenzen für dieselbe Datenstruktur im Speicher sind.

Hier eine Demonstration dieses Effektes für den mutablen Datentyp Liste:

```
liste1 = ["H", "a", "l", "l", "o"]
liste2 = liste1
liste1[0] = "HalloH"

print(liste1, liste2)
```

```
alloH', 'a', 'l', 'l', 'o'] ['HalloH', 'a', 'l',
'l', 'o']
```

Obwohl nur `liste1` ein neuer Wert am ersten Index zugewiesen wurde, hat auch `liste2` den Wert `"HalloH"` am ersten Index in der Ausgabe. Beide Variablen sind eine Referenz auf die gleiche Liste im Speicher, welche beim Zugriff auf `liste1` geändert wurde.

Falls eine echte Kopie statt dem Anlegen einer Referenz das Ziel ist, dann steht zu diesem Zweck sowohl für Listen als auch für Dictionaries

die Methode `.deepcopy` des Moduls `copy` zur Verfügung. Die Verwendung von Modulen wird später erklärt; an diesem Punkt ist es nur wichtig, die Prozedur zum sicheren Kopieren eines mutablen Datentyps zu verstehen.
Diese sieht folgendermaßen aus:

```
import copy

liste1 = ["H", "a", "l", "l", "o"]
liste2 = copy.deepcopy(liste1)
liste1[0] = "HalloH"

print(liste1, liste2)
```

```
['HalloH', 'a', 'l', 'l', 'o'] ['H', 'a', 'l',
'l', 'o']
```

Die Ausgabe zeigt, dass mit `liste2 = copy.deepcopy(liste1)` eine echte Kopie von `liste1` erzeugt wurde und `liste2` nicht mehr nur eine Referenz auf dieselbe Datenstruktur ist. Änderungen an einer der beiden Listen haben in diesem Beispiel im Weiteren keine Auswirkungen auf die jeweils andere Liste. Der Unterschied zwischen einer Zuweisung und einer echten Kopie ist auch in Abbildung 4.5 dargestellt.

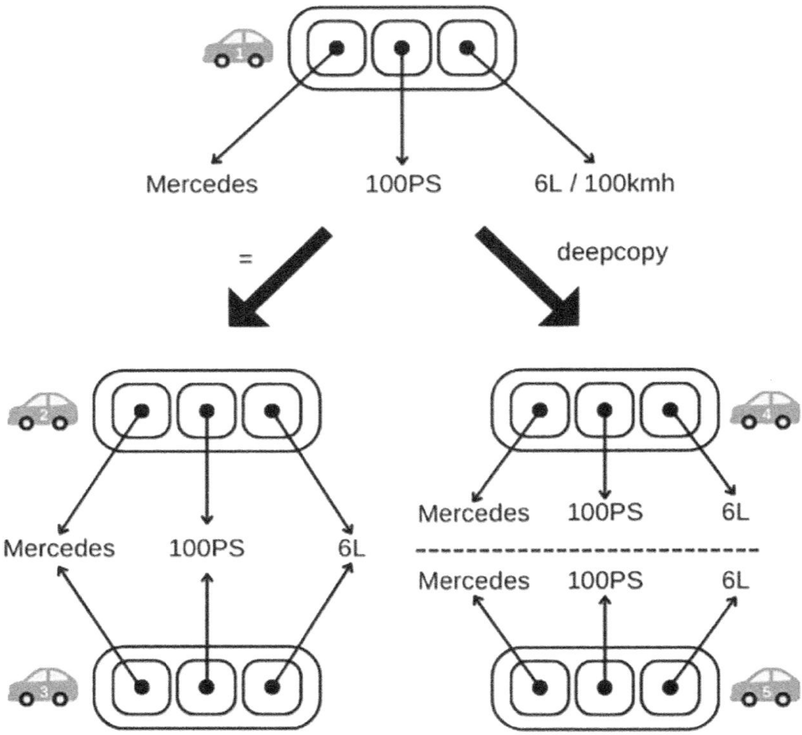

Abbildung 4.5: Links in der Abbildung ist der Effekt einer erneuten Zuweisung mit = gezeigt. Beide Variablen zeigen auf dieselbe Datenstruktur im Speicher. Eine Änderung einer dieser Variablen verändert daher auch auf die andere. Im Gegensatz dazu wird die Datenstruktur rechts mit `.deepcopy` *kopiert – die Elemente der beiden Datenstrukturen liegen an verschiedenen Stellen im Speicher und können unabhängig voneinander geändert werden.*

Achtung: Nichtbeachtung von Mutabilität ist eine sehr häufige Fehlerquelle beim Einstieg in die Programmierung mit Python, die zu schwer nachvollziehbarem Programmverhalten führen kann. Für Einsteiger ist es also zu empfehlen, sich mit Mutabilität zu befassen und bei Fehlern Probleme mit mutablen Datentypen als mögliche Ursache im Hinterkopf zu behalten.

4.6 Variablentyp bestimmen

Der Datentyp eines beliebigen Objekts wird in Python mit der Funktion `type` bestimmt. Im Folgenden wird der Typ der wichtigsten Datentypen von Python gezeigt.

Boolescher Wert:

```
print(type(True))
```

```
<class 'bool'>
```

Integer:

```
print(type(1))
```

```
<class 'int'>
```

Float:

```
print(type(1.2))
```

```
<class 'float'>
```

String:

```
print(type("Hallo"))
```

```
<class 'str'>
```

List:

```
print(type([1, "a"]))
```

```
<class 'list'>
```

Tupel:

```
print(type((1, "a", )))
```

```
<class 'tuple'>
```

Dictionary:

```
print(type({1: "a"}))
```

```
<class 'dict'>
```

Prinzipiell sollte `type` in Python jedoch spärlich eingesetzt werden. In vielen Fällen ist es besser verständlich, wenn durch Typinkompabilitäten ausgelöste Exceptions behandelt werden, als umständliche Typabfragen auszuführen.

4.7 Typkonvertierung

Implizite Typkonvertierung wurde im vorherigen Kapitel Datentypen bereits gezeigt. Wenn beispielsweise ein Float und ein Integer addiert werden, dann ist das Ergebnis ein Float:

```
print(1 + 1.2)
```

```
2.2
```

Manchmal ist es aber erforderlich, Datentypen explizit in andere Datentypen zu konvertieren.
Beispielsweise könnten Zahlenwerte in einer Datenbank als Strings abgelegt und die Konvertierung in Floats für mathematische Operationen erforderlich sein. Für die Konvertierung in den Typ String stellt Python die Funktion `str` bereit:

```
print(str(1) + "1")
```

```
11
```

Analog konvertiert `int` nach Integer:

```
print(int("1") + 1)
```

```
2
```

Floats werden mit `float` konvertiert:

```
print(float("1.1") + 1)
```

```
2.1
```

Achtung: Falls die Typkonvertierung scheitert, zum Beispiel beim Aufruf von `int("a")`, wird eine Exception ausgelöst!

Generell ist es auch möglich, zu booleschen Werten zu konvertieren. Dazu dient die Funktion `bool`. Davon ist aber allgemein abzuraten, außer bei Konvertierung der Strings `"True"` und `"False"`. Die Verwendung von `bool` kann zu schwierig verständlichen Programmen führen.
Gelegentlich müssen *Iteratoren* (Aufzählungen) in Listen oder Tupel umgewandelt werden. Ein Iterator kann eine Liste, ein Tupel oder aber auch ein *Generator* (eine Art speichereffiziente Liste) sein (mehr zum Thema Iteratoren und Generatoren folgt in einem späteren Kapitel).

Dazu dienen die Funktionen `list` und `tuple`.
`list` konvertiert ein Tupel (oder einen String) in eine Liste:

```
tupel = ("a", "b", "c",)

print(list(tupel))
```

```
['a', 'b', 'c']
```

`tuple` hingegen nimmt eine Liste oder einen String an und erzeugt daraus ein Tupel:

```
liste = [1, 2, 3]

print(tuple(liste))
```

```
(1, 2, 3)
```

Übungsaufgaben
Materialien zum Buch

Die Materialien zum Buch sowie Videos mit Hilfen zur Installation können Sie unter der Adresse
https://akademie.datamics.com/python-buchmaterialien/
oder mit folgendem QR-Code erreichen:

5 Programmflusskontrolle

"Beware of bugs in the above code; I have only proved it correct, not tried it."

– Donald E. Knuth

Mit den in den vorherigen beiden Kapiteln vorgestellten zentralen Datentypen können komplexe Informationen in einem Programm repräsentiert werden. Nur Informationen in Form gespeicherter Daten reichen jedoch nicht, um eine Anwendung zu entwickeln. Ein Programm muss dazu in der Lage sein, den Programmverlauf in Abhängigkeit vom inneren Zustand, also den gespeicherten Informationen, zu steuern. Dies wird *Programmflusskontrolle* genannt.
Die wichtigsten Programmkonstrukte zur Programmflusskontrolle in Python sind `if`-Konditionen, die Schleifentypen `for` und `while` sowie `try`-*Blöcke*, welche in diesem Kapitel behandelt werden.

5.1 *for*-Schleifen

`for`-Schleifen iterieren über die Elemente von Aufzählungen wie Listen oder Tupeln. Die Funktionsweise von `for`-Schleifen ist in Abbildung 5.1 dargestellt.
Die allgemeine Syntax einer `for`-Schleife ist die folgende:

```
aufzaehlung = [1, "a", 2.0]

for element in aufzaehlung:
    print(element)
```

```
1
a
2.0
```

Dabei kann statt `element` ein beliebiger Bezeichner gewählt werden.

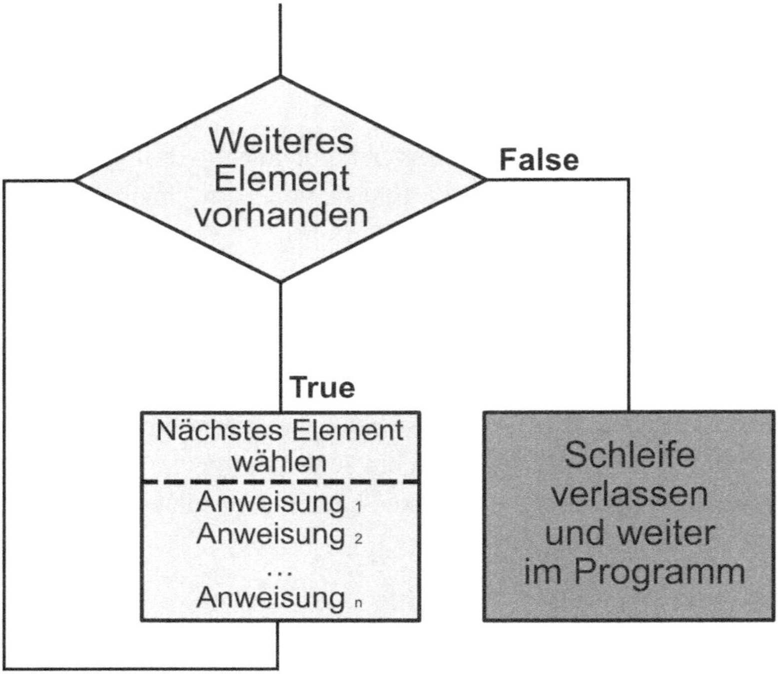

Abbildung 5.1: Eine `for`-Schleife iteriert über alle Elemente einer Aufzählung.

Falls über eine Reihe diskret auf- oder absteigender Integerwerte iteriert werden soll empfiehlt sich der Einsatz der praktischen Funktion `range`. `range` nimmt als Parameter den Start, das Ende und die Schrittweite an:

```
for element in range(2, 34, 8):
    print(element)
```

```
2
10
18
26
```

Der Endwert ist allerdings exklusive, weshalb `34` hier im Beispiel nicht ausgegeben wird. `range` kann auch negative Integerreihen erzeugen:

```
for element in range(10, -10, -5):
    print(element)
```

```
10
5
0
-5
```

Der Defaultwert für den Startwert ist **0** und **1** für die Schrittweite:

```
print(list(range(5)))
```

```
[0, 1, 2, 3, 4]
```

Beachte: Vor der Ausgabe mit `print` wurde das Ergebnis von `range` mit `list` in eine Liste konvertiert – wieso ist das nötig? `range` gibt keine Liste zurück, sondern einen Iterator. Ein Iterator ist eine speichersparende Aufzählung, welche Elemente dynamisch auf Anfrage zurückgibt, anstatt alle Elemente im Speicher zu halten. Das Thema Iteratoren wird in einem späteren Kapitel ausführlicher behandelt.

Ohne die Konvertierung in eine Liste wie in obigem Beispiel ist das Ergebnis daher das folgende:

```
print(range(5))
```

```
range(0, 5)
```

5.1.1 Exkurs: Codeseparation durch Einrückung

In allen gängigen Programmiersprachen gibt es die Möglichkeit, Code in zusammenhängende Blöcke zu unterteilen.
In vielen Programmiersprachen werden Klammern verwendet, die den gesamten Code eines Blocks umschließen. In Python werden Codeblöcke hingegen durch Einrückungsebenen definiert. Aufeinanderfolgende Codezeilen mit derselben Einrückungstiefe stellen einen Codeblock dar. Dabei erfolgt die Einrückung mit Leerzeichen (**nicht** mit Tabulator!) und per Konvention jeweils vier Leerzeichen pro Einrückungsebene.
Hier dazu ein Beispiel:

```
for i in [0, 1, 2]:
    print(i)
    print("Test")
```

```
0
Test
1
Test
2
Test
```

Erwartungsgemäß werden die Elemente der Liste und je Listenelement einmal `"Test"` ausgegeben. Beide Aufrufe von `print` liegen in derselben Einrückungsebene. Doch was passiert, wenn das zweite `print` in die unterste Einrückungsebene verschoben wird?

```
for i in [0, 1, 2]:
    print(i)
print("Test")
```

```
0
1
2
Test
```

`print("Test")` liegt außerhalb des Codeblocks der `for`-Schleife. Dadurch wird zuerst `for`-Schleife vollständig ausgeführt und anschließend ein einziges `"Test"` ausgegeben.

Die Definition von Codeblöcken mittels Einrückung ist universal in Python und gilt nicht nur für `for`-Schleifen, sondern auch für die weiteren Konstrukte der Programmflusskontrolle in diesem Kapitel und auch für die in späteren Kapiteln thematisierten Klassen und Funktionen.

5.1.2- Indexiteration und *enumerate*

In vielen Fällen ist es praktisch, nicht über die Elemente, sondern über die Indizes der Elemente in der Aufzählung zu iterieren. Dies kann durch die Kombination der Funktionen `len` und `range` einfach erreicht werden:

```
aufzaehlung = ["h", "a", "l", "l", "o"]

for i in range(len(aufzaehlung)):
    print(aufzaehlung[i])
```

```
h
a
l
l
o
```

Manchmal ist es aber auch sinnvoll, sowohl über die Indizes als auch die Elemente zu iterieren.
Zu diesem Zweck gibt es die Funktion `enumerate`:

```
aufzaehlung = ["h", "a", "l", "l", "o"]

for i, element in enumerate(aufzaehlung):
    print(i, element)
```

```
0 h
1 a
2 l
3 l
4 o
```

Die Verwendung von `enumerate` erhöht die Lesbarkeit des Codes; statt `aufzaehlung[i]` kann direkt das aktuelle `element` angesprochen werden.

5.2 *if*-Konditionen

Ein fundamentales Element zur Steuerung des Programmflusses sind die sogenannten `if`-Konditionen. Dabei überprüft eine `if`-Kondition eine Bedingung; der Programmcode innerhalb der `if`-Kondition wird nur ausgeführt, wenn die Bedingung erfüllt ist, wie auch gezeigt in Abbildung 5.2.

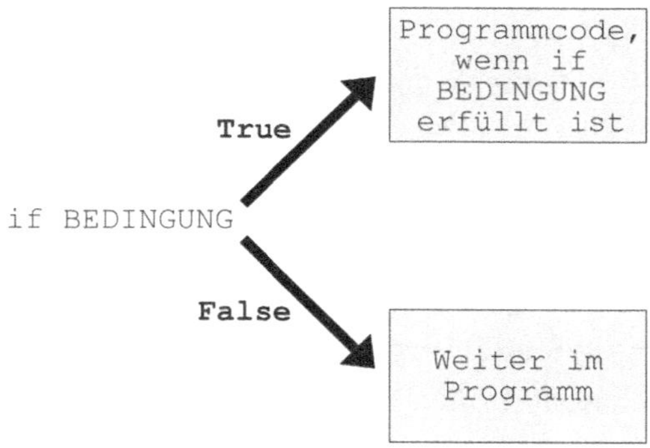

Abbildung 5.2: Eine `if`*-Kondition führt ihren Codeblock nur aus, wenn eine Kondition erfüllt ist.*

Folgendermaßen kann zum Beispiel geprüft werden, ob eine Variable den Wert **0** hat, bevor eine Division durch diese Variable ausgeführt wird:

```
x = 0

if x != 0:
    print(1000 / x)

print("x ist 0!")
```

```
x ist 0!
```

`!=` ist der Ungleichheitsoperator; die weiteren Vergleichsoperatoren werden in Kürze gezeigt. Fehlt die `if`-Kondition in obigem Beispiel, dann löst die Zeile `print(1000 / x)` eine Exception aus, da Division durch **0** keine gültige mathematische Operationen ist:

```
x = 0

print(1000 / x)
```

```
Traceback (most recent call last):
  File "book_code.py", line 245, in <module>
    print(1000 / x)
ZeroDivisionError: division by zero
```

5.2.1 Vergleichsoperatoren

Python unterstützt alle Vergleichsoperatoren, die für die Definition komplexer Konditionen notwendig sind. Dazu gehören die im Kapitel *Einfache Datentypen* vorgestellten Logikoperatoren, außerdem Vergleichsoperatoren und Identitäts- sowie Zugehörigkeitsoperatoren. Im Folgenden werden alle Vergleichsoperatoren außer den bereits beschriebenen Logikoperatoren mit je einem Beispiel vorgestellt. Tabelle 5.1 fasst alle Vergleichsoperatoren als Übersicht zusammen. Dabei ist das Ergebnis des Beispiels aller Operatoren immer `True`.

Gleichheit: ==

Der Gleichheitsoperator == evaluiert zu `True`, wenn beide Operanden den gleichen Wert haben:

```
print(1 == 1, 1 == 2)
```

```
True False
```

Ungleichheit: !=

Der Ungleichheitsoperator != evaluiert zu `True`, wenn beide Operanden verschiedene Werte haben:

```
print(1 != 1, 1 != 2)
```

```
False True
```

Größer: >

Der Vergleichsoperator > evaluiert zu `True`, wenn der linke Operand größer als der rechte ist:

```
print(2 > 1, 1 > 1)
```

```
True False
```

Wird > mit einem Gleichheitszeichen kombiniert, dann ist das Ergebnis `True`, wenn der linke Operand mindestens so groß wie der rechte ist:

```
print(2 >= 1, 1 >= 1)
```

```
True True
```

Kleiner: <

Der Vergleichsoperator < evaluiert zu `True`, wenn der linke Operand kleiner als der rechte ist:

```
print(1 < 2, 1 < 1)
```

```
True False
```

Wird < mit einem Gleichheitszeichen kombiniert, so ist das Ergebnis `True`, wenn der linke Operand höchstens so groß ist wie der rechte:

```
print(1 <= 2, 1 <= 1)
```

```
True True
```

Identität: is

Mit dem Identitätsoperator `is` wird die Identität zweier Operanden verglichen. Falls der linke Operand identisch zum rechten ist, dann ist das Ergebnis `True`.

Das ist beispielsweise dann erfüllt, wenn zwei Variablen auf die gleiche mutable Datenstruktur zeigen:

```
liste1 = [1]
liste2 = liste1

print(liste1 is liste2)
```

```
True
```

Dies wird gelegentlich verwendet, um den Typ einer Variablen zu überprüfen:

```
print(type([]) is list)
```

```
True
```

Prinzipiell sollten derartige Typüberprüfungen aber möglichst selten eingesetzt werden. Bei einem sauber strukturierten Programm sollte an jedem Programmpunkt der Typ aller genutzten Variablen bekannt sein.

Hinweis: Bei immutablen Datentypen wie booleschen Werten, Strings, Integers und Floats gibt der Vergleichsoperator `is` den Wert `True` zurück, wenn beide Operatoren denselben Wert haben. Das Ergebnis entspricht in solchen Fällen also dem Vergleichsoperator `==`. Wird `is` auf mutable Datentypen wie zum Beispiel Listen angewendet, dann ist das Ergebnis `True`, wenn beide Operatoren auf dieselbe Datenstruktur im Speicher zeigen. Falls eine Liste stattdessen mit `.deepcopy` kopiert wurde, dann ergibt `is` im Gegensatz zu `==` beim Vergleich mit der Ursprungsliste `False`:

```
import copy

liste1 = [1]
liste2 = copy.deepcopy(liste1)

print(liste1 is liste2)
print(liste1 == liste2)
```

```
False
True
```

Zugehörigkeit: in

Der Zugehörigkeitsoperator `in` hat das Ergebnis `True`, wenn der linke Operand im rechten enthalten ist. Der Operator ist auf Strings anwendbar:

```
print("all" in "Hallo")
```

```
True
```

Auch Listen und andere Aufzählungen unterstützen den Zugehörigkeitsoperator:

```
print(1 in [1, 2, 3, 5])
```

```
True
```

In einem Dictionary wird mit `in` nach einem Schlüssel gesucht:

```
print({"a" in "a": 10, "b": 2})
```

```
True
```

Operator	Beschreibung	Beispiel
`==`	Gleichheit	`1 == 1`
`!=`	Ungleichheit	`1 != 2`
`>`	Größer als	`2 > 1`
`>=`	Größer gleich	`1 >= 1`
`<=`	Kleiner gleich	`1 <= 1`
`is`	Identität	`True is True`
`in`	Zugehörigkeit	`1 in [0, 1, 2]`

Tabelle 5.1: Vergleichsoperatoren

5.2.2 Verknüpfte Konditionen

Mit den booleschen Operatoren `not`, `and` und `or` sowie den gezeigten Vergleichsoperatoren können beliebig komplexe Konditionen programmiert werden:

```
print(2 >= 1 and type([]) is list)
```

```
True
```

Hierbei gilt es aber, die Konditionen einfachstmöglich zu halten, damit der Programmcode gut verständlich bleibt.

Hinweis: Die im Kapitel *Einfache Datentypen* für booleschen Ausdrücke gezeigte Operatorreihenfolge ist bei verknüpften Konditionen ebenfalls gültig. Zuerst wird `not`, dann `and` und zuletzt `or` evaluiert, wobei die Ausführungsreihenfolge mit runden Klammern priorisiert werden kann.

5.2.3 *elif* und *else*

Häufig soll verschiedener Programmcode für verschiedene Werte einer Variablen ausgeführt werden. Dies lässt sich mit mehreren aufeinanderfolgenden `if`-Blöcken erreichen:

```
farbe = "schwarz"

if farbe in ["rot", "gruen", "blau"]:
    print("Primärfarbe")

if farbe in ["schwarz", "weiss"]:
    print("Schwarz-Weiss")
```

```
Schwarz-Weiss
```

Dasselbe Verhalten wird am besten jedoch mit den besser lesbaren `elif`-Konditionen erreicht (siehe auch Abbildung 5.3):

```
farbe = "schwarz"

if farbe in ["rot", "gruen", "blau"]:
    print("Primärfarbe")
elif farbe in ["schwarz", "weiss"]:
    print("Schwarz-Weiss")
```

```
Schwarz-Weiss
```

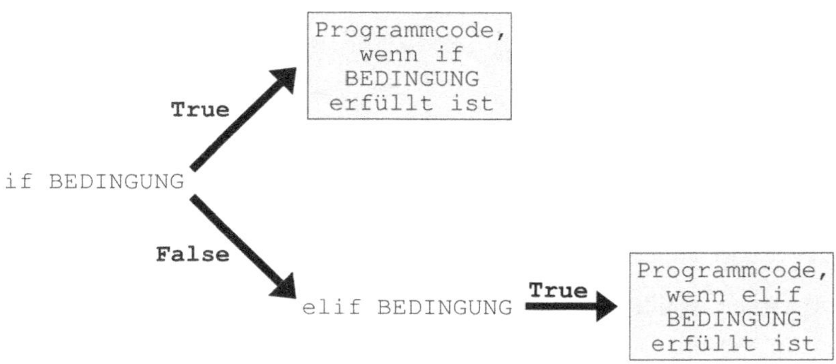

Abbildung 5.3: Mehrere Fälle können mit `elif`-Konditionen verarbeitet werden.

`elif` ermöglicht es, nicht nur eine weitere, sondern eine beliebige Anzahl von Konditionen hinzuzufügen:

```
farbe = "gelb"

if farbe in ["rot", "gruen", "blau"]:
    print("Primärfarbe")
elif farbe in ["schwarz", "weiss"]:
    print("Schwarz-Weiss")
elif farbe not in ["schwarz", "weiss"] and
farbe not in ["rot", "gruen", "blau"]:
    print("Mischfarbe")
```

```
Mischfarbe
```

Die letzte Kondition ist für alle Werte von `farbe`, die nicht einer der ersten beiden Konditionen entsprechen.
Selbiges kann einfacher mit einem `else`-Block erreicht werden:

```
farbe = "gelb"

if farbe in ["rot", "gruen", "blau"]:
    print("Primärfarbe")
elif farbe in ["schwarz", "weiss"]:
    print("Schwarz-Weiss")
else:
    print("Mischfarbe")
```

```
Mischfarbe
```

Der Codeblock von `else` wird immer dann ausgeführt, wenn keine der vorherigen Konditionen eingetreten sind. Dies ist auch in Abbildung 5.4 dargestellt.

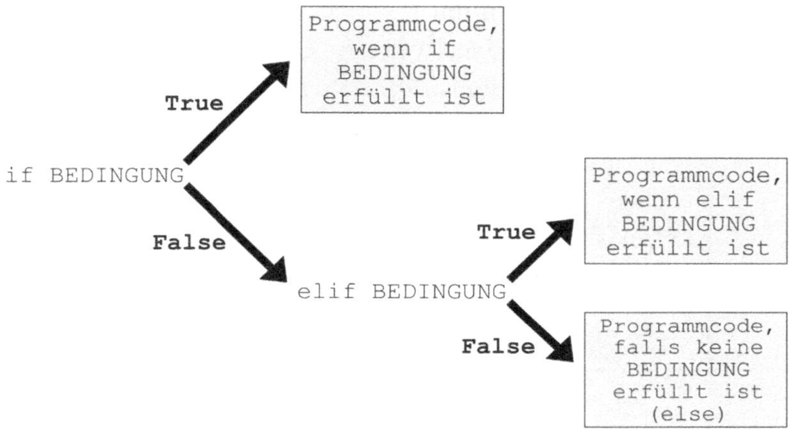

Abbildung 5.4: Der Codeblock einer `else`*-Kondition wird dann ausgeführt, wenn keine der vorherigen* `if`*- und* `elif`*-Konditionen erfüllt wurde.*

5.2.4 Exkurs: Die Leerlaufanweisung pass

Im Idealfall führt ein Programm in jedem Bearbeitungsschritt klar definierte Anweisungen aus. In manchen Fällen ist es jedoch erforderlich, dass ein Programm im aktuellen Bearbeitungsschritt keine weitere Anweisung ausführt. Zu diesem Zweck stellt Python die Platzhalteranweisung `pass` zur Verfügung.

Dazu ein Codebeispiel:

```
for i in range(6):
    if i < 4 or i > 5:
        pass
    else:
        print(i)
```

```
4
5
```

Ist die `if`-Kondition erfüllt mit `i < 4` oder `i > 5`, wird nur die Leerlaufanweisung `pass` ohne weiteren Effekt ausgeführt. Andernfalls wird die `else`-Kondition aufgerufen und `i` ausgegeben.
Im obigen Beispiel ist `pass` an sich unnötig. Stattdessen könnte einfach eine `if`-Kondition mit demselben Effekt definiert werden:

```
for i in range(6):
    if i >= 4 and i < 6:
        print(i)
```

```
4
5
```

Praktisch wird `pass` eingesetzt, wenn ein Programm auf externe Konditionen wie beispielsweise eine Nutzereingabe, ein spezifisches Datum, die Antwort eines Sensors oder das Laden einer Webseite warten muss.
Ein weiteres wichtiges Einsatzgebiet von `pass` ist der Aufbau der Grobstruktur eines Programmes oder einer Funktionalität. Schleifen, Konditionen oder die in den folgenden Kapiteln behandelten Funktionen und Methoden werden dabei zunächst ohne Funktionalität mit `pass` angelegt, um ein Verständnis der für das Programm notwendigen Interaktionen zu entwickeln. Danach werden die `pass`-Anweisungen Schritt für Schritt durch funktionalen Programmcode ersetzt.

5.3 *while*-Schleifen

`while`-Schleifen dienen wie `for`-Schleifen dem wiederholten Ausführen von Codeblöcken. Im Gegensatz zu diesen iterieren sie aber nicht über eine Aufzählung, sondern brechen erst dann ab, wenn eine Kondition nicht mehr erfüllt ist, wie in Abbildung 5.5 gezeigt.

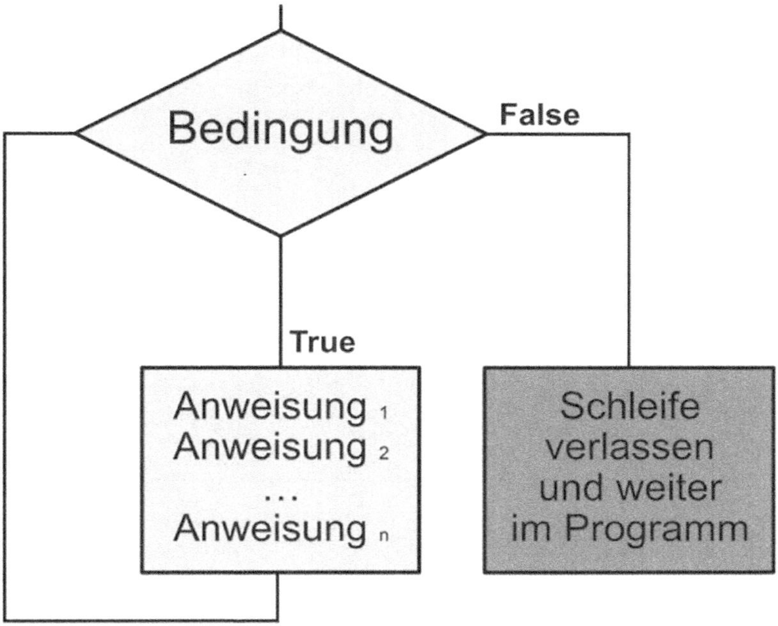

Abbildung 5.5: while-Schleifen iterieren, solange ihre Schleifenbedingung erfüllt ist.

Dazu ein Codebeispiel:

```
ein_string = "Hallo!"
i = 0

while ein_string[i] != "!":
    print(ein_string[i])
    i = i + 1
```

```
H
a
l
l
o
```

Obige `while`-Schleife iteriert solange, bis das Zeichen am Index `i` des Strings `ein_string` den Wert `"!"` hat. In der Schleife wird das Zeichen am aktuellen Index ausgegeben und der Index anschließend um `1` erhöht.

Prinzipiell lässt sich eine `for`-Schleife immer auch als `while`-Schleife implementieren:

```
liste = ["a", "b", "c"]
i = 0

while i < len(liste):
    print(liste[i]) i += 1
```

```
a
b
c
```

Obige `while`-Schleife entspricht dieser `for`-Schleife:

```
liste = ["a", "b", "c"]

for i in range(len(liste)):
    print(liste[i])
```

```
a
b
c
```

In diesem Beispiel ist die `for`-Schleife ein gutes Stück kürzer und außerdem leichter verständlich. Allgemein gilt, dass bei der Iteration über Aufzählungen `for`-Schleifen vorzuziehen sind.

`while`-Schleifen haben aber eine spannende zusätzliche Eigenschaft. Mit ihnen können Endlosschleifen ausgeführt werden. Dazu ist lediglich eine Schleifenkondition nötig, die immer `True` ist:

```
while True:
    print("Hi!")
```

Hinweis: Das Ausführen des obigen Codes startet eine Endlosschleife. Diese kann mit `STRG+c` unterbrochen werden.
Endlosschleifen sind zum Beispiel bei der Entwicklung permanent laufender Systemdienste erforderlich.

5.4 Fehlerbehandlung

Natürlich ist es am besten, wenn ein Programm gleich auf Anhieb funktioniert wie geplant. Realistisch ist das natürlich nicht. Wie mit möglichen Fehlern umgegangen wird ist daher auch ein bedeutender Teil der Programmflusskontrolle. In diesem Abschnitt werden die Grundlagen der Fehlerbehandlung präsentiert. Mehr zu diesem bedeutenden Thema folgt im Kapitel *Programmqualität.*

5.4.1 Exceptions

Python löst eine *Exception* (Ausnahme) aus, wenn ein Teil eines Programmes von Python nicht verarbeitet werden kann. Beispielsweise wird eine Exception ausgelöst, wenn versucht wird, eine Zahl durch Null zu teilen:

```
print(1 / 0)
```

```
Traceback (most recent call last):
  File "book_code.py", line 342, in <module>
    print(1 / 0)
ZeroDivisionError: division by zero
```

Tritt eine Exception auf, dann bricht die weitere Ausführung des Programmes sofort ab. Dabei wird ausgegeben, welche Art von

Exception ausgelöst wurde; in obigem Beispiel führt der Versuch, durch Null zu teilen zu der Exception `ZeroDivisionError`.
Eine weitere häufige Exception ist der Versuch eines Zugriffs auf eine Indexposition außerhalb der Listenlänge:

```
liste = [1, 2]

print(liste[1000])
```

```
Traceback (most recent call last):
  File "book_code.py", line 346, in <module>
    print(liste[1000])
IndexError: list index out of range
```

In diesem Fall wird eine Exception des Typs `IndexError` ausgelöst. In der Ausgabe ist auch die Anweisung, welche die Exception ausgelöst hat, aufgeführt – hier `print(liste[1000])`. Ebenfalls enthalten ist der Dateiname und die Zeile des fehlerhaften Codes: `File "book_code.py", line 346`. Häufig zeigt die Meldung der Exception deutlich in die Richtung, in der nach dem Fehler zu suchen ist.

5.4.2 *try-except*-Blöcke

Exceptions werden, wie in Abbildung 5.6 dargestellt, programmatisch mit `try-except`-Blöcken verarbeitet.
Der auszuführende Code wird im `try`-Block definiert. Verursacht dieser Code eine Exception, dann wird das Programm nicht beendet, sondern stattdessen der Code im `except`-Block aufgerufen.

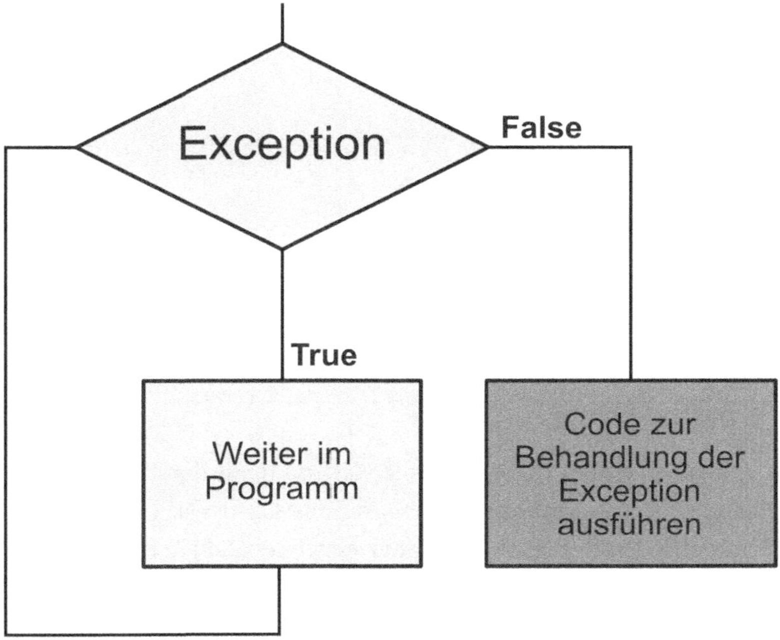

Abbildung 5.6: Tritt eine Exception im `try`*-Block auf, dann wird das Programm nicht abgebrochen, sondern der Code im* `except`*-Block ausgeführt.*

Dieser verarbeitet die Exception; dadurch läuft das Programm normal weiter, anstatt beendet zu werden. Dazu ein Beispiel für die Division durch Null:

```
x = 0

try:
    print(1 / x)
except:
    print("Achtung: x ist ", x)
```

```
Achtung: x ist  0
```

Auch wenn `x` irrtümlich ein String ist, wird der `except`-Block ausgelöst:

```
x = "a"

try:
    print(1 / x)
except:
    print("Achtung: x ist ", x)
```

```
Achtung: x ist  a
```

Die Ausgabe ist aber nicht sehr hilfreich, da nicht daraus hervorgeht, wieso eine Exception aufgetreten ist. Das kann verbessert werden, indem der Exception ein Bezeichner gegeben und sie mit diesem im `except`-Block ausgegeben wird:

```
try:
    print(1 / "a")
except Exception as e:
    print(e)
```

```
unsupported operand type(s) for /: 'int' and
'str'
```

Jetzt wird der Typ der Exception ausgegeben; der Fehler ist einfacher zu finden.

In einem echten Anwendungsfall würde der `except`-Block ausgebaut werden. Es könnte ein Eintrag in eine Log-Datei erfolgen mit dem Typ der Exception und den auslösenden Variablen, oder es wird eine alternative Lösung in Form eines Defaultwertes verwendet, wenn versucht wird, durch Null zu teilen.

5.4.3 *finally*-Klausel

Zusätzlich kann `try-except` ein dritter Codeblock, `finally`, angehängt werden. Dieser wird immer ausgeführt, unabhängig davon, ob eine Exception aufgetreten ist oder nicht:

```
try:
    print(1 / "a")
except Exception as e:
    print(e)
finally:
    print("Fertig")
```

```
unsupported operand type(s) for /: 'int' and 'str'
```

Wird das `a` im `try`-Block durch einen gültigen Wert wie **10** ersetzt, dann erfolgt die Ausgabe der Division und ebenfalls des `finally`-Blocks:

```
try:
    print(1 / 10)
except Exception as e:
    print(e)
finally:
    print("Fertig")
```

```
0.1
Fertig
```

5.5 Schachtelung

Die in diesem Kapitel vorgestellten Konstrukte der Programmflusskontrolle können beliebig ineinander geschachtelt werden. Zur Iteration über alle Elemente einer Matrix könnten beispielsweise auch ineinander geschachtelte for-Schleifen eingesetzt werden:

```
matrix = [[1, 2], [3, 4]]

for i in range(len(matrix)):
    for j in range(len(matrix[0])):
        print(matrix[i][j])
```

```
1
2
3
4
```

Ein häufiger Anwendungsfall ist auch die Verwendung von if-Konditionen in Schleifen:

```
liste = [1, 2, 3]

for element in liste:
    if element == 2:
        print(element*2)
```

```
4
```

5.5.1 Schleifenabbruch mit *break*

Mit dem Schlüsselwort break wird die Ausführung einer Schleife abgebrochen. Ein möglicher Anwendungsfall ist der Abbruch der Verarbeitung einer Liste von Eingabedaten mit einem try-Block, falls ungültige Werte in der Liste enthalten sind:

```
liste = [1, 2, 0, 1]

for element in liste:
    try:
        print(1 / element)
    except:
        print("Unbrauchbarer Wert!")
        break
```

```
1.0
0.5
Unbrauchbarer Wert!
```

Ohne `break` würde die Division auch noch auf die restlichen Elemente der Liste angewendet werden.

5.5.2 Schleifensprung mit *continue*

`continue` ist ein weiteres Werkzeug zur Steuerung von Schleifen. Der Aufruf von `continue` führt dazu, dass der Code nach `continue` im Schleifencodeblock nicht mehr ausgeführt wird und die Schleife direkt zum nächsten Iterationsschritt springt:

```
liste = [1, None, 100, None, 5]

for element in liste:
    if element == None:
        continue

    print(element * 10)
```

```
10
1000
50
```

Ohne dem Überspringen mit `continue` für Elemente mit dem Wert `None` würde eine Exception des Typs `TypeError: unsupported operand type(s)` ausgelöst.

Übungsaufgaben
Materialien zum Buch

Die Materialien zum Buch sowie Videos mit Hilfen zur Installation können Sie unter der Adresse
https://akademie.datamics.com/python-buchmaterialien/
oder mit folgendem QR-Code erreichen:

6 Funktionen

"Clean code always looks like it was written by someone who cares."
– Michael Feathers

Clean Code, zu Deutsch *Sauberer Code*, ist ein wichtiges Konzept moderner Programmierung. Dabei ist es das Ziel, gut lesbare Programme zu entwickeln, unter anderem auch durch die Vermeidung von Codeduplikaten.
Klassische Programmiersprachen unterstützen `GoTo`-Anweisungen, mit dem ein Programm an der als Parameter übergebenen Zeilennummer fortfährt. Auf diese Art können Programmteile wiederholt ausgeführt und Codeduplikate vermieden werden. Der Nachteil ist allerdings, dass ein solches Programm nur sehr schwierig nachvollziehbar ist (sogenannter *Spaghetticode*).
Besser geeignet zur Vermeidung von Codeduplikaten sind Funktionen, welche den zentralen Inhalt dieses Kapitels darstellen.
Der Begriff Funktion hat dabei in der Informatik eine andere Bedeutung als in der Mathematik. Eine Funktion ist ein benannter separater Codeblock, welcher wiederholt ausgeführt werden kann und gegebenenfalls Parameter annimmt sowie Ergebnisse zurückgibt. Dadurch werden Codeduplikate vermieden; gleichzeitig bleibt der Programmcode wesentlich besser verständlich als eine vergleichbare Implementierung mit `GoTo`-Anweisungen in einer frühen Programmiersprache.

6.1 Einfache Funktionen

Die Definition von Funktionen beginnt mit dem Schlüsselwort `def` gefolgt vom Namen der Funktion und runden Klammern, in denen alle Eingabeparameter (der Funktion beim Aufruf übergebene Variablen) aufgelistet werden:

```
def name(parameter1, parameter2, ...):
    # Anweisungen
```

Dabei sollte der Funktionsname klein geschrieben werden und der Aufgabe der Funktion entsprechen. Funktionale Komponenten des Namens werden mit Unterstrich _ getrennt; Sonderzeichen (auch die deutschen Umlaute *äöü* und *ß*) sollten nicht Teil des Namens sein. Die Parameter sollten ebenfalls gemäß der für Funktionen beschriebenen Regeln benannt sein. Der allgemeine Aufbau von Funktionen ist auch in Abbildung 6.1 gezeigt.
Zur Demonstration hier eine einfache Funktion zur Ausgabe eines Grußes:

```
def gruss_ausgeben(name):
    print("Hallo " + name + "!")
```

Eine auf diese Weise definierte Funktion kann dann an einer beliebigen Stelle im Programm über ihren Namen aufgerufen werden. Der Funktionsaufruf erfordert Werte für alle in der Funktionsdefinition angegebenen Eingabeparameter in runden Klammern hinter dem Funktionsnamen:

```
gruss_ausgeben("Brian")
```

```
Hallo Brian!
```

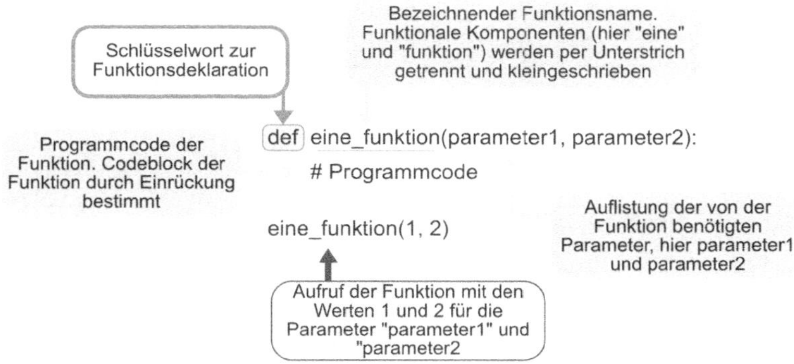

Abbildung 6.1: Die Definition einer Funktion wird vom Schlüsselwort `def` *eingeleitet, gefolgt vom Namen der Funktion und einer Auflistung der in der Funktion genutzten Parameter. Der Programmcode der Funktion ist per Einrückung separiert. Anschließend kann die Funktion anhand ihres Namens mit den gewünschten Werten für die Parameter aufgerufen werden.*

Achtung: Wird eine Funktion mit dem gleichen Namen an einer späteren Stelle im Programmcode definiert, dann überschreibt sie die vorher definierte Funktion!

Wenn Funktionen versuchen, fehlerhaften Code auszuführen, lösen sie Exceptions aus.
Hier wird ein Integerwert anstatt eines Strings als Parameter übergeben, wodurch die String Konkatenation in der Funktion scheitert:

```
gruss_ausgeben(3)
```

```
TypeError: can only concatenate str (not "int")
to str
```

Der Aufruf mit zu wenigen Parametern erzeugt auch eine Exception:

```
gruss_ausgeben()
```

```
TypeError: gruss_ausgeben() missing 1 required
positional argument: 'name'
```

Zu viele Parameter werden ebenfalls nicht akzeptiert:

```
gruss_ausgeben("a", "b")
```

```
TypeError: gruss_ausgeben() takes 1 positional
argument but 2 were given
```

In einem späteren Abschnitt dieses Kapitels wird gezeigt, wie Funktionen eine vorher nicht bestimmte Anzahl von Eingabeparametern annehmen können.

6.2 Werte zurückgeben mit *return*

Im vorherigen Abschnitt hat eine einfache Funktion zur Ausgabe eines Textes im Terminal geführt. Terminalausgaben werden heutzutage eher spärlich genutzt; wesentlich gebräuchlicher ist die Rückgabe von Werten mit Funktionen.
Die Rückgabe der Ergebnisse von Funktionen erlauben es, Funktionen miteinander zu verknüpfen. Beispielsweise könnte zuerst eine Funktion zur Reinigung eines Datensatzes, dann eine zweite Funktion zum Ausführen von Berechnungen auf den Daten und zuletzt eine dritte Funktion zum Speichern der Ergebnisse in einer Datenbank aufgerufen werden. Dadurch ist es möglich, ein Programm sauber in gut verständliche funktionale Komponenten zu unterteilen. Übermäßig lange Funktionen, die eine Vielzahl von verschiedenen Arbeitsschritten ausführen, sind schwierig verständlich und daher zu vermeiden!
Das Schlüsselwort für die Rückgabe von Werten ist `return`. Der Rückgabewert kann dann beim Funktionsaufruf einer Variablen zugewiesen werden:

```
def verdreifachen(zahl):
    return zahl * 3

ergebnis = verdreifachen(10)
print(ergebnis)
```

```
30
```

Mehrere Rückgabewerte werden per Komma getrennt und als Tupel zurückgegeben:

```
def einfache_funktion(zahl):
    return zahl * 3, zahl / 5

ergebnis = einfache_funktion(10)
print(ergebnis)
```

```
(30, 2.0)
```

Dabei kann Tuple unpacking genutzt werden, um die Rückgabewerte in einzelne Variablen auszulesen:

```
def einfache_funktion(zahl):
    return zahl * 3, zahl / 5

ergebnis1, ergebnis2 = einfache_funktion(10)

print(ergebnis1, ergebnis2)
```

```
30 2.0
```

6.3 Geschachtelte Funktionsaufrufe

Funktionen können andere Funktionen aufrufen. Das ist wichtig, um einen Prozess in einzelne Arbeitsschritte aufteilen zu können. Im idealen Fall hat jede Funktion in Python genau eine Aufgabe und eine Länge von fünf bis zehn Zeilen.
Gebräuchlich ist dabei eine äußere Kontrollfunktion, die über eine Schleife iteriert und in jedem Schritt Hilfsfunktionen aufruft:

```
def hilfsfunktion(zahl):
    return zahl**3 / 2.0

def kontrollfunktion(n):
    for i in range(n):
        print(hilfsfunktion(i))
aufruf = kontrollfunktion(4)
```

```
0.0
0.5
4.0
13.5
```

Das gezeigte Beispiel dient nur der Demonstration des Konzeptes; bei einer derart einfachen Berechnung ist es nicht nötig, diese in eine eigene Funktion auszulagern. Bei umfangreicheren Programmen ist die Aufspaltung in funktionale Komponenten mit Funktionen jedoch essentiell.

6.4 Benannte Parameter

Der Aufruf von Funktionen mit mehreren Parametern kann leicht Fehler verursachen, da die Eingabeparameter in der richtigen Reihenfolge übergeben werden müssen.

Dazu als Beispiel eine sehr einfache Funktion mit nur zwei Eingabeparametern:

```
def reihenfolge(zahl1, zahl2):
    return zahl1 / 100 + zahl2 ** 10

print(reihenfolge(1, 10))
print(reihenfolge(10, 1))
```

```
10000000000.01
1.1
```

Erwartungsgemäß sind die Ergebnisse der beiden Aufrufe sehr verschieden!
Die beiden Parameter wurden als sogenannte **positionale** Parameter übergeben. Bei diesen erfolgt die Zuordnung der übergebenen Werte zu den Bezeichnern der Eingabeparameter der Funktion in Abhängigkeit von der Reihenfolge der übergebenen Werte.
Es ist leicht, die Reihenfolge der Eingabeparameter beim Aufruf zu verwechseln. Stattdessen können **benannte** Parameter übergeben werden:

```
def reihenfolge(zahl1, zahl2):
    return zahl1 / 100 + zahl2 ** 10

print(reihenfolge(zahl1=1, zahl2=10))
print(reihenfolge(zahl2=10, zahl1=1))
```

```
10000000000.01
10000000000.01
```

Die Zuordnung der übergebenen Werte zu den richtigen Parametern ist auf diese Weise gesichert.

Aber auch die Verwendung von positionalen Parametern gemeinsam mit benannten Parametern ist möglich:

```
print(reihenfolge(1, zahl2=10))
```

```
10000000000.01
```

In diesem Fall müssen die positionalen Parameter beim Funktionsaufruf aber vor den benannten Parametern aufgeführt werden; andernfalls wird eine Exception ausgelöst:

```
print(reihenfolge(zahl2=10, 1))
```

```
argument
```

6.5 Defaultwerte

Defaultwerte für Funktionsparameter gestatten es, Funktionsaufrufe übersichtlich zu halten. Dies ist dann sinnvoll, wenn ein oder mehrere Parameter einer Funktion erwartungsgemäß häufig mit demselben Wert aufgerufen werden.
Als Beispiel hier eine Funktion zur Berechnung der Hypotenusenlänge `c` für ein Dreieck mit den bekannten Kathetenlängen `a` und `b` (Satz des Pythagoras):

```
def pythagoras(a=5, b=3):
    return (a**2 + b**2)**0.5

print(pythagoras())
print(pythagoras(10))
print(pythagoras(5, 3))
```

```
5.830951894845301
10.44030650891055
5.830951894845301
```

Die Funktion kann ohne Parameter aufgerufen werden, wenn die Defaultwerte `5` für `a` und `3` für `b` gewünscht sind. Wird nur ein Parameter (hier `10`) übergeben, dann wird dieser als Wert für `a` angenommen und `b` entspricht dem Defaultwert. Bei zwei übergebenen Parametern werden diese als positionale Parameter für `a` und `b` in der Übergabereihenfolge eingesetzt.
Eine Funktion kann Parameter mit und ohne Defaultwert haben, jedoch müssen die Parameter ohne Defaultwert zuerst aufgelistet werden:

```
def pythagoras(a, b=3):
    return (a**2 + b**2)**0.5

print(pythagoras(5))
```

```
5.830951894845301
```

Ansonsten wird eine Exception ausgelöst:

```
def pythagoras(a=5, b):
    return (a**2 + b**2)**0.5

print(pythagoras(5))
```

```
SyntaxError: non-default argument follows
default argument
```

6.6 Flexible Parametrisierung

Wie bereits früher in diesem Kapitel erwähnt können Funktionen in Python eine beliebige, vorher nicht bestimmte Anzahl von Parametern annehmen.

Wird der Sternoperator `*` bei der Definition der Eingabeparameter einer Funktion eingesetzt, dann werden alle beim Funktionsaufruf übergebenen Eingabeparameter in einem Tupel zusammengefasst. Dadurch kann eine beliebige Anzahl positionaler Parameter angenommen werden:

```
def positionale_parameter(*args):
    for arg in args:
        print(arg)

positionale_parameter(1, 3, 5)
positionale_parameter("a", "c")
```

```
1
3
5
a
c
```

Der erste Aufruf hat drei, der zweite Aufruf hingegen zwei Parameter. In beiden Funktionsaufrufen werden alle übergebenen Parameter ausgegeben, ohne dass eine Exception ausgelöst wird. Für positionale Parameter wird per Konvention der Bezeichner `*args` verwendet. Die Verwendung eines anderen Bezeichners ist möglich, aber unüblich.

6.7 Flexible Parametrisierung benannter Parameter

Funktionen können außerdem eine nicht vorher festgelegte Anzahl von benannten Parametern annehmen. Der entsprechende Ausdruck dafür ist `**kwargs`, mit dem eine beliebige Anzahl benannter Parameter in einem Dictionary von Name-Wert-Paaren zusammengefasst wird:

```
def benannte_parameter(**kwargs):
    print(kwargs)

    for schluessel in kwargs:
        print(schluessel, kwargs[schluessel])

benannte_parameter(a=1, b=3, c=5)
```

```
{'a': 1, 'b': 3, 'c': 5}
a 1
b 3
c 5
```

In der Funktion ist `kwargs` dann einfach ein Dictionary mit den Namen der benannten Parameter als Schlüssel und den zugehörigen Werten. Auch die Verwendung von `kwargs` als Bezeichner für das Dictionary der benannten Parameter ist Konvention, aber derart weit verbreitet, dass ein anderer Name als schwierig lesbar empfunden würde.

`*args` und `**kwargs` können gemeinsam eingesetzt werden, falls sowohl beliebig viele positionale als auch benannte Parameter akzeptiert werden sollen. Nach `*args` dürfen aber nur noch benannte Parameter in der Funktionsdefinition folgen.

6.8 Lambda-Funktionen

Lambda-Funktionen sind eine Kurzschreibweise für die Definition einfacher Funktionen. Die oben gezeigte Berechnung der Länge einer Hypotenuse nach Pythagoras wäre ein passender Anwendungsfall für eine Lambda-Funktion.
Mit folgender Syntax wird eine Lambda-Funktion definiert und ausgeführt:

```
addiere = lambda x, y: x + y

print(addiere(1, 4))
```

```
5
```

Dabei wurde die gesamte Lambda-Funktion in einer einzigen Zeile definiert und das Ergebnis automatisch ohne `return` zurückgegeben. Lambda-Funktionen eignen sich hervorragend für kleine Hilfsfunktionen und helfen, den Programmcode kurz und verständlich zu halten.

6.9 Docstrings

Neben einem gut lesbaren und verständlichem Programmierstil ist es bedeutend, den Programmcode zu dokumentieren. Das hilft nicht nur anderen Programmierern: wird ein Programm länger nicht betrachtet, dann erleichtert eine brauchbare Dokumentation den Wiedereinstieg enorm.
Ein wichtiges Element der Dokumentation in Python sind die sogenannten *Docstrings*. Docstrings sind kurze Beschreibungen zur Funktionsweise direkt zu Beginn des Codeblocks einer Funktion (oder Klasse oder Methode, doch dazu später mehr).
Dabei können Docstrings mehrzeilig sein; sie werden in dreimal doppelten Anführungszeichen " eingeschlossen:

```
def pythagoras(a=5, b=3):
    """ Gibt die Hypotenusenlänge c für die bekannten Kathetenlängen
    a und b zurück. Berechnung nach Pythagoras c = (a^2 + b^2)^0.5.
    Die Parameter a und b können Integers oder Floats sein.
    """

    return (a**2 + b**2)**0.5
```

Die Funktion `help` dient der Ausgabe solcherart definierter Docstrings:

```
help(pythagoras)
```

```
Help on function pythagoras in module __main__:

pythagoras(a=5, b=3)
    Gibt die Hypotenusenlänge c für die
    bekannten Kathetenlängen
    a und b zurück. Berechnung nach Pythagoras c
    = (a^2 + b^2)^0-5.
    Die Parameter a und b können Integers oder
Floats sein.
```

Hinweis: Die Anzeige der Hilfe im Terminal wird beendet durch das Drücken der Taste **q**!

Dabei gibt `help` nicht nur selbstdefinierte Docstrings, sondern auch die Hilfstexte der von Python bereitgestellten Funktionen aus, zum Beispiel `round`:

```
help(round)
```

```
round(number, ndigits=None)
    Round a number to a given precision in
    decimal digits.

    The return value is an integer if ndigits is
    omitted or None. Otherwise
    the return value has the same type as the
    number.
    ndigits may be negative.
```

Allerdings sind die von Python bereitgestellten Hilfstexte nur auf Englisch verfügbar.

Übungsaufgaben
Materialien zum Buch

Die Materialien zum Buch sowie Videos mit Hilfen zur Installation können Sie unter der Adresse
https://akademie.datamics.com/python-buchmaterialien/
oder mit folgendem QR-Code erreichen:

7 Objektorientierte Programmierung

> *"The object-oriented version of 'Spaghetti code' is, of course, 'Lasagna code': too many layers."*
>
> – Roberto Waltman

Die *Objektorientierte Programmierung* (OOP) ist das zentrale *Programmierparadigma* von Python. Der Begriff Programmierparadigma bezeichnet einen generellen Ansatz für die Lösung von Programmieraufgaben.
Python erlaubt natürlich auch die Programmierung anhand anderer Programmierparadigmen, wie beispielsweise der Funktionalen Programmierung[16]. Python ist jedoch eine von Grund auf objektorientiert aufgebaute Programmiersprache; daher lohnt sich ein gutes Verständnis der objektorientierten Programmierung für Python-Programmierer sehr.
In den vorherigen Kapiteln wurden die Grundlagen der Syntax und Programmierung mit Python gezeigt. Ein Verständnis der objektorientierten Programmierung ist für Einsteiger anspruchsvoll, aber unbedingt erforderlich, um die Programmierung fortgeschrittener Anwendungen zu erlernen. Im nächsten Abschnitt wird daher zuerst das Konzept der objektorientierten Programmierung theoretisch beschrieben, bevor dann im Rest dieses Kapitels die Methodik schrittweise mit vielen Codebeispielen gezeigt wird.

---

16 https://de.wikipedia.org/wiki/Funktionale_Programmierung

7.1 Grundlagen der objektorientierten Programmierung

Der Begriff *Objekt* im alltäglichen Sprachgebrauch hat eine wichtige Gemeinsamkeit mit dem in der Informatik verwendeten Konzept von Objekten: komplexe Objekte setzen sich aus einfacheren Objekten zusammen. Beispielsweise besteht das komplexe Objekt *Auto* aus den einfacheren Objekten *Motor*, *Reifen* und so fort. Diese einfacheren Objekte bestehen wiederum aus noch einfacheren Objekten.
Dieses Prinzip wird *Modularität* genannt und gilt auch für Objekte in der objektorientierten Programmierung. Ein modularer Aufbau aus einfacheren Teilobjekten ist gut nachvollziehbar und ein Grund für die Beliebtheit der Programmiersprache Python und objektorientierter Programmierung allgemein.

7.1.1 Grundbegriffe

In der objektorientierten Programmierung wird die Programmlogik mittels interagierender Objekte implementiert. Objekte werden von Vorlagen, den sogenannten *Klassen*, abgeleitet (*instanziiert*). Auf diese Weise erzeugte Objekte werden in Python auch *Instanzen* genannt[17]. Von einer einzigen Klasse können beliebig viele, voneinander unabhängige Instanzen abgeleitet werden.

7.1.2 Beispielklasse Liste

Python wurde als objektorientierte Programmiersprache entwickelt. Nahezu alle von Python zur Verfügung gestellten Funktionalitäten sind in der Form von Klassen implementiert.
Die im Buch bereits oft genutzten Listen werden von Python als Klassen bereitgestellt, welche mit Methoden zur Bearbeitung wie `.sort`, `.append` und vielen weiteren ausgestattet sind. Mit `liste = list()`

[17] Im weiteren Verlauf des Buches werden die Begriffe Objekt und Instanz synonym verwendet.

oder in Kurzschreibweise `liste = []` wird eine Instanz dieser Klasse erzeugt, die anschließend mit Werten befüllt werden kann.

7.1.3 Eigenschaften von Instanzen

Eine Instanz hat die folgenden drei zentralen Eigenschaften:

- **Zustand** – Instanz-spezifische Variablen
- **Verhalten** – Methoden der Instanz
- **Identität** – Einzigartigkeit jeder Instanz

Dabei gilt: Haben zwei von derselben Klasse abgeleiteten Instanzen den gleichen inneren Zustand und führen beide Instanzen dieselbe Methode mit denselben Parametern aus, dann haben beide Instanzen danach weiterhin den gleichen inneren Zustand.
Dazu ein Beispiel:

```
liste_1 = [1, 2, 3]
liste_2 = [1, 2, 3]

liste_1.append(4)
liste_2.append(4)

print(liste_1, liste_2)
```

```
[1, 2, 3, 4] [1, 2, 3, 4]
```

`liste_1` und `liste_2` sind zwei separate Instanzen der Klasse `list`. Sie wurden mit denselben Werten, nämlich `[1, 2, 3]`, initialisiert. Beide Instanzen haben dieselbe Methode, `.append(4)`, ausgeführt. Als Ergebnis haben beide Instanzen den gleichen inneren Zustand `[1, 2, 3, 4]`.

7.1.4 Vererbung

Ein weiteres fundamentales Konzept der objektorientierten Programmierung ist die **Vererbung** von Elter- an Kindklassen. Vererbung ist

dann bedeutend, falls das Programm Instanzen von Klassen behandeln soll, die sowohl Gemeinsamkeiten als auch Unterschiede haben.
Beispielsweise könnte eine Anwendung geometrische Formen verarbeiten. Dabei wäre eine Methode zum Setzen der Farbe einer geometrischen Form für Dreiecke und Kreise identisch, Methoden zur Berechnung des Flächeninhaltes aber verschieden.
Eine mögliche Lösung dazu ist die Verwendung einer gemeinsamen Basisklasse, welche die Methode zum Setzen der Farbe bereitstellt und diese an Kindklassen für Dreiecke und Kreise vererbt. In den Kindklassen wird dann je nach geometrischer Form die korrekte Methode zur Berechnung des Flächeninhalts implementiert.
Dabei könnten die Kindklassen wiederum an weiter spezialisierte Kindklassen vererben, also etwa eine Kindklasse von Dreiecken für rechtwinklige Dreiecke. Dadurch entsteht eine **Vererbungshierarchie**. Es ist unbedingt darauf zu achten, die Vererbungshierarchie flach zu halten, da sonst die Verständlichkeit des Programmcodes rasant abnimmt.
Der bedeutende Vorteil von Vererbung in der objektorientierten Programmierung ist die Vermeidung von Codeduplikaten. Eine Basisklasse für unterschiedliche Anwendungen zu spezialisieren, anstatt dieselben Methoden wiederholt für vergleichbare Aufgaben zu implementieren ist effizienter und einfacher zu warten.

7.2 Eigene Klassen

Python stellt große Anzahl leistungsstarker Klassen bereit. Um eigene Programme im Sinne der objektorientierten Programmierung zu entwickeln, gilt es aber, eigene Klassen mit den erforderlichen Eigenschaften zu implementieren. Eine Übersicht des Aufbaus von Klassen ist in Abbildung 7.1 zu finden. Die einzelnen Komponenten der Übersicht werden im Folgenden beschrieben.

Die Definition einer Klasse wird mit dem Schlüsselwort `class` eingeleitet, gefolgt vom Namen der Klasse. Das reicht schon für die Implementation einer einfachstmöglichen Klasse ohne jegliche Funktionalität:

```
class KlassenName:
    pass
```

Für Klassennamen gilt, dass der erste Buchstabe jeder Komponente des Namens großgeschrieben wird und die Komponenten nicht mittels Unterstrich getrennt werden. Der Klassenname sollte die Aufgabe der Klasse möglichst prägnant beschreiben.
Von einer solcherart definierten Klasse können jetzt Instanzen abgeleitet werden, indem der Name der Klasse, gefolgt von runden Klammern, aufgerufen wird:

```
beispiel_1 = KlassenName()
beispiel_2 = KlassenName()
```

In diesem Beispiel sind die runden Klammern leer. Bei umfangreicheren Klassen werden in den runden Klammern Initialisierungsparameter übergeben, doch dazu später mehr.
Für Instanzen gelten die Regeln zur Benennung von Funktionen, also Kleinschreibung sowie die Trennung funktionaler Komponenten per Unterstrich _. Die beiden eben erzeugten Instanzen haben den gleichen Typ, sind aber nicht identisch:

```
print(type(beispiel_1))
print(type(beispiel_1) == type(beispiel_2))
print(beispiel_1 is beispiel_2)
```

```
<class '__main__.KlassenName'>
True
False
```

Dabei gibt die Funktion `type` für eine Instanz, wie gezeigt, die Klasse zurück, von der die Instanz abgeleitet wurde.

7.3 Instanzvariablen und Methoden

Die Beispielklasse des letzten Abschnittes diente lediglich der Demonstration der Ableitung von Instanzen. Praktisch einsetzbare Klassen werden hingegen wie folgt aufgebaut:

```
class EinfacheKlasse:
    instanzvariable = "Wert"

    def instanzvariable_setzen(self,
    parameter):
        # Anweisungen, z.B.
        self.instanzvariable = parameter
```

Zuerst werden alle *Instanzvariablen* (auch genannt *Attribute*) initialisiert und anschließend sämtliche von der Klasse bereitgestellten Methoden nacheinander aufgelistet.

Methoden (genauer: Instanzmethoden, es gibt auch die weniger gebräuchlichen Klassenmethoden) sind Funktionen, die von einer Instanz einer Klasse ausgeführt werden können. Instanzmethoden werden wie normale Funktionen benannt und definiert, mit dem Unterschied, dass der erste Parameter eine Methode immer `self` ist. Dieser Parameter `self` ist eine Referenz auf die Instanz selbst. Mit ihm wird innerhalb einer Methode auf Instanzvariablen und andere Methoden der Instanz zugegriffen.

Dazu hier ein Beispiel mit der Funktion `instanzvariable_setzen`:

```
instanz_1 = EinfacheKlasse()
print(instanz_1.instanzvariable)
instanz_1.instanzvariable_setzen("neuer Wert")
print(instanz_1.instanzvariable)
```

```
Wert
neuer Wert
```

Wie gezeigt, wird `self` nicht explizit übergeben; beim Methodenaufruf fügt Python `self` automatisch den Parametern hinzu. Wird versucht, beim Aufruf einer Methode einen Wert für `self` zu übergeben, dann löst dies eine Exception aus:

```
instanz_1.instanzvariable_setzen("test", "neuer Wert")
```

```
TypeError: instanzvariable_setzen() takes 2
positional arguments but 3 were given
```

Instanzvariablen gehören zu einer spezifischen Instanz und sind unabhängig von anderen Instanzen:

```
instanz_2 = EinfacheKlasse()
instanz_2.instanzvariable_setzen("instanz 2")
print(instanz_1.instanzvariable)
print(instanz_2.instanzvariable)
```

```
neuer Wert
instanz 2
```

Auch Instanzmethoden sind unabhängig von anderen Instanzen; der (direkte) Effekt einer Instanzmethode betrifft nur die ausführende Instanz selbst, wie es in obigem Codebeispiel zu sehen ist.

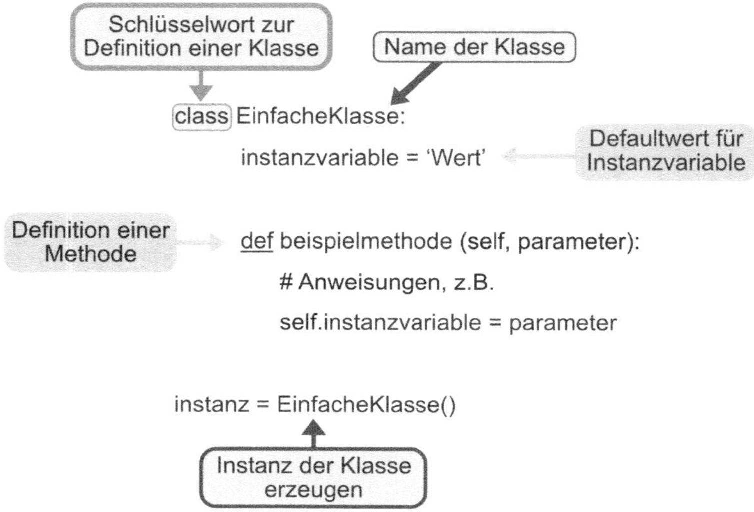

Abbildung 7.1: Die Definition einer Klasse wird vom Schlüsselwort `class` *eingeleitet, gefolgt vom Namen der Klasse (und gegebenenfalls Elterklassen in runden Klammern). Darauf folgen Instanzvariablen und anschließend die Methoden der Klasse. Unten in der Graphik ist noch die Instanziierung der vorher definierten Klasse gezeigt.*

7.4 Initialisierungsmethode

Mit der speziellen Methode `__init__`, der sogenannten Initialisierungsmethode, werden Instanzvariablen bei der Erzeugung einer Instanz Werte zugewiesen (oder auch Methoden ausgeführt):

```
class EinfacheKlasse:
    def __init__(self, parameter):
        self.instanzvariable = parameter

instanz = EinfacheKlasse("Neuer Wert")

print(instanz.instanzvariable)
```

```
Neuer Wert
```

`__init__` wird automatisch bei der Instanziierung aufgerufen und erhält alle an `EinfacheKlasse()` übergebenen Parameter. Dabei kann, wie hier gezeigt, auf die explizite Deklaration der Instanzvariablen zu Beginn der Klassendefinition verzichtet werden. Allerdings ist eine Klasse einfacher verständlich, wenn alle Instanzvariablen am Anfang der Klasse erzeugt werden.

Per Konvention wird `__init__` immer als erste Methode einer Klasse definiert.

Methoden unterstützen wie auch Funktionen Defaultwerte, `*args` und `**kwargs`:

```
class EinfacheKlasse:
    def __init__(self, *args):
        for arg in args:
            print(arg)

instanz = EinfacheKlasse("Hallo", "Welt")
```

```
Hallo
Welt
```

7.5 Stringrepräsentation

In vielen Fällen ist es praktisch, wenn Klassen eine Methode bereitstellen, mit der ihre Instanzen in einer von Menschen verständlichen Form ausgegeben werden. Ein möglicher Anwendungsfall für eine solche Stringrepräsentation wäre eine Klasse `Produkt`, mit einer Methode, die Produktname, ID und Preis mit geringem Aufwand anzeigen kann.
Dank der speziellen Methode `__str__` ist es einfach, eine Stringrepräsentation bereitzustellen:

```
class Produkt:
    name = None

    def __str__(self):
        return "Produkt: " + self.name
```

Die Methode `__str__` wird ausgeführt, wenn `print` auf eine Instanz der Klasse `Produkt` angewendet wird:

```
kaese = Produkt()
kaese.name = "Käse"

print(kaese)
```

```
Produkt: Käse
```

Besonders praktisch ist es, Instanzinitialisierung und Stringrepräsentation gemeinsam einzusetzen:

```
class Produkt:
    def __init__(self, name, preis):
        self.name = name
        self.preis = preis

    def __str__(self):
        return "Produkt: " + self.name + " kostet " + str(self.preis)

banane = Produkt("Banane", 1.99)
reifen = Produkt("Reifen", 249.99)

print(banane)
print(reifen)
```

```
Produkt: Banane kostet 1.99
Produkt: Reifen kostet 249.99
```

7.6 Vererbung

Die im letzten Abschnitt gezeigte Klasse `Produkt` ist ausreichend, wenn alle Produkte dieselben Instanzvariablen und Methoden benötigen. Falls jedoch manche Produkte davon abweichenden Anforderungen stellen, dann ist es sinnvoll, eine gemeinsame Basisklasse zu implementieren und Kindklassen dieser dementsprechend zu modifizieren.
Beispielsweise könnte das Produkt `Banane` im Gegensatz zu `Reifen` eine Methode erfordern, die überprüft, ob die Haltbarkeit überschritten wurde.
Das lässt sich mittels Vererbung erreichen – `Banane` wird als Kindklasse von `Produkt` abgeleitet und um eine entsprechende Methode ergänzt:

```
class Banane(Produkt):
    def ist_haltbar(self):
        return True

banane = Banane("Banane", 1.99)

print(banane)
print(banane.ist_haltbar())
```

```
Produkt: Banane kostet 1.99
True
```

Dabei wird die Elterklasse, von der geerbt wird, einfach in Klammern hinter den Namen der Kindklasse gesetzt. Ein weiteres Beispiel zur Vererbung zeigt Abbildung 7.2.

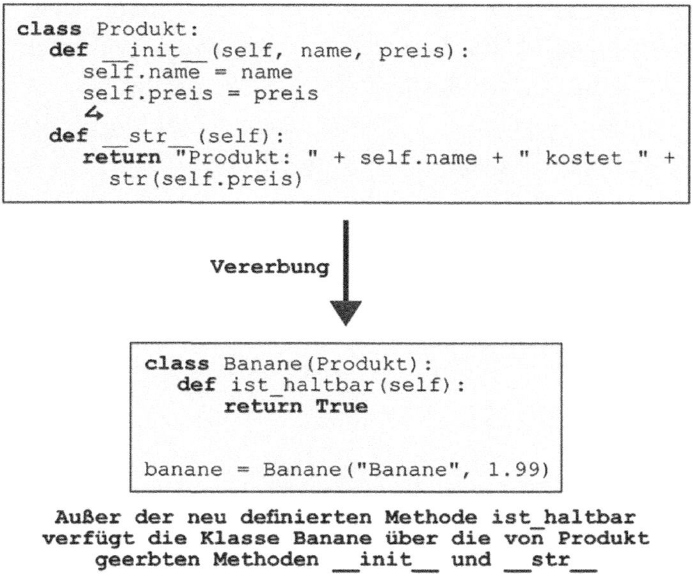

Abbildung 7.2: Die Kindklasse `Banane` *erbt die Methoden (und Instanzvariablen) der Elterklasse* `Produkt`.

Die Kindklasse übernimmt alle Methoden und Instanzvariablen der Elterklasse; eigene Methoden (und Instanzvariablen) können wie gezeigt hinzugefügt werden. Beim Aufruf von `Banane("Banane", 1.99)` werden `"Banane"` und `1.99` als Parameter an die von `Produkt` geerbte Initialisierungsfunktion übergeben.

Die Methode `.ist_haltbar` wurde lediglich als Dummymethode implementiert; in einer echten Anwendung würde das Haltbarkeitsdatum für jede Instanz von `Banane` gespeichert und in `.ist_haltbar` mit dem aktuellen Datum verglichen.

Es ist auch möglich, von mehreren Elterklassen gleichzeitig zu Erben:

```
class Kind(Elter1, Elter2, Elter3):
    pass
```

Dabei werden aber die Methoden und Instanzvariablen der zuerst aufgeführten Elterklassen durch die der späteren überschrieben. Hätten also in obigem Beispiel sowohl `Elter1` als auch `Elter2` eine Methode `.beispielmethode`, dann würde die Klasse `Kind` `.beispielmethode` von `Elter2` erben.

Manchmal ist es praktisch, die Methoden von Elterklassen auszuführen, beispielsweise wenn die Initialisierungsmethode der Kindklasse die Initialisierungsmethode der Elterklasse ergänzen und nicht ersetzen soll. Das Schlüsselwort für den Zugriff auf Methoden von Elterklassen ist `super`:

```
class Banane(Produkt):
    def __init__(self, name, preis,
    haltbarkeitsdatum):
        self.haltbarkeitsdatum =
        haltbarkeitsdatum

        super().__init__(name, preis)

banane = Banane("Banane", 1.99, "1.1.2050")

print(banane)
print(banane.haltbarkeitsdatum)
```

```
Produkt: Banane kostet 1.99
1.1.2050
```

Mit `super()` wird die Elterklasse referenziert und deren Methode `.__init__` mit den Parametern `name` und `preis` ausgeführt. Es könnte aber auch eine beliebige andere Methode der Elterklasse mit `super` aufgerufen werden.

7.7 Polymorphie

Unter *Polymorphie* versteht man die Bereitstellung der gleichen Funktionen, Methoden oder Operationen für verschiedene Datentypen und Klassen. Polymorphe Mechanismen wurden in diesem Buch bereits vielfach genutzt, etwa bei der Verwendung des Plus-Operators sowohl bei Integerwerte als auch bei Strings, wobei der Effekt des Operators vom Datentyp abhängig ist.

Bei Klassen bedeutet Polymorphie, dass zwei verschiedene Klassen eine Methode mit gleichem Namen, aber (üblicherweise) verschiedener Funktionalität bereitstellen.

Die unterschiedliche Berechnung der Mehrwertsteuer (19% auf Reifen und 7% auf Bananen) kann für die Klassen `Reifen` und `Banane` als polymorphe Methode implementiert werden (siehe auch Abbildung 7.3):

```
class Banane(Produkt):
    def mehrwertsteuer(self):
        return round(self.preis - (self.preis/1.07), 2)

class Reifen(Produkt):
    def mehrwertsteuer(self):
        return round(self.preis - (self.preis/1.19), 2)

banane = Banane("Banane", 1.99)
reifen = Reifen("Reifen", 249.99)

print(banane.mehrwertsteuer())
print(reifen.mehrwertsteuer())
```

```
0.13
39.91
```

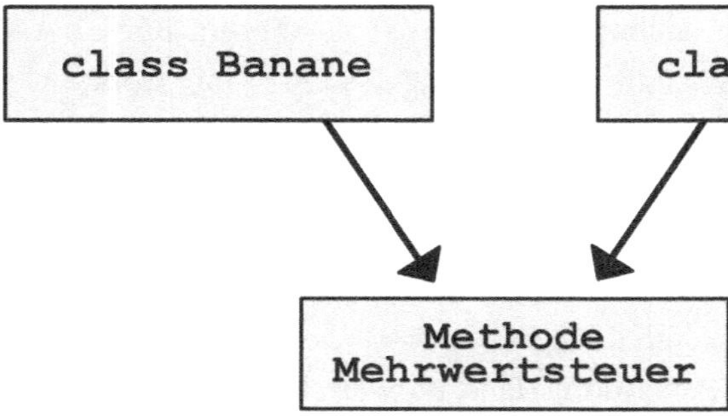

Abbildung 7.3: Die beiden voneinander unabhängigen Klassen `Reifen` *und* `Banane` *verfügen beide über eine eigene Funktion* `mehrwertsteuer`.

Dies nur zur Demonstration des Konzepts von Polymorphie – in einer realen Anwendung würde dies mit einer polymorphen Instanzvariablen für den Mehrwertsteuersatz gelöst werden:

```
class Produkt:
    mehrwertsteuer = None

    def __init__(self, name, preis):
        self.name = name
        self.preis = preis

    def mehrwertsteuer_berechnen(self):
        return round(self.preis - (self.
        preis/(1 + self.mehrwertsteuer)), 2)


class Banane(Produkt):
```

```
    mehrwertsteuer = 0.07


class Reifen(Produkt):
    mehrwertsteuer = 0.19


banane = Banane("Banane", 1.99)
reifen = Reifen("Reifen", 249.99)

print(banane.mehrwertsteuer_berechnen())
print(reifen.mehrwertsteuer_berechnen())
```

```
0.13
39.91
```

Der Vorteil dabei ist, dass die Methode zur Berechnung der Mehrwertsteuer nur einmal implementiert wird und weitere Mehrwertsteuersätze sehr einfach integriert werden können.

7.8 Operator Overloading

Operator Overloading (Deutsch Operator-Überladung) bezeichnet die Polymorphie mathematischer Operatoren. Integers und Floats werden mit dem Operator + addiert, Strings hingegen konkateniert – + ist also polymorph für verschiedene Datentypen.

Python bietet die Möglichkeit, Operatoren in eigenen Klassen zu überladen. Bei dem +-Operator geschieht dies mithilfe der speziellen Methode `__add__`:

```
class Produkt:
    def __init__(self, name, preis):
        self.name = name
        self.preis = preis

    def __add__(self, instanz):
        return round(self.preis + instanz.preis, 2)


banane = Produkt("Banane", 1.99)
reifen = Produkt("Reifen", 249.99)

print(banane + reifen)
```

```
251.98
```

Dabei führt der Operator + dazu, dass die Methode `__add__` der Instanz `banane` aufgerufen wird. Diese erhält die Instanz `reifen`, also den zweiten Operanden der Addition, als Parameter. Der zweite Operand muss nicht unbedingt eine Instanz der Klasse `Produkt` sein;

```
class Produkt:
    def __init__(self, name, preis):
        self.name = name
        self.preis = preis

    def __add__(self, instanz):
        return round(self.preis + instanz.preis, 2)
```

```


class Reifen:
    preis = 249.99


banane = Produkt("Banane", 1.99)
reifen = Reifen()

print(banane + reifen)
```

```
251.98
```

Die Reihenfolge der Operanden ist unbedingt zu beachten. Werden die Operanden vertauscht, wird eine Exception geworfen, da für die Klasse `Reifen` kein überladener Operator + vorliegt:

```
print(reifen + banane)
```

```
TypeError: unsupported operand type(s) for +:
'Reifen' and 'Produkt'
```

7.9 Docstrings für Klassen

Auch Klassen werden in Python mit Docstrings dokumentiert. Zuerst erfolgt eine allgemeine Beschreibung am Anfang der Klasse und in der Klasse dann ein Docstring für jede Methode:

```
class Produkt:
    """ Basisklasse für Produkte.
    Instanzvariablen für Produktname und -preis.
    Überlädt Plus für die Addition von Produkten.
    """

    def __init__(self, name, preis):
        """ Initialisierung der Instanzvariablen name und preis. """

        self.name = name
        self.preis = preis

    def __add__(self, instanz):
        """ Überlädt Plus für die Addition zweier Produkte.
        Gibt die Summe der Produktpreise zurück.
        """

        return round(self.preis + instanz.preis, 2)


banane = Produkt("Banane", 1.99)
```

Nun kann die Hilfsfunktion `help` auf Instanzen (oder einzelne Methoden) der Klasse angewendet werden:

```
help(banane)
```

```
class Produkt(builtins.object)
 |  Produkt(name, preis)
 |
 |  Basisklasse für Produkte.
 |  Instanzvariablen für Produktname und -preis.
 |  Überlädt Plus für die Addition von
Produkten.
 |
 |  Methods defined here:
 |
 |  __add__(self, instanz)
 |      Überlädt Plus für die Addition zweier
        Produkte.
 |      Gibt die Summe der Produktpreise zurück.
 |
 |  __init__(self, name, preis)
 |      Initialisierung der Instanzvariablen
        name und preis.
```

Übungsaufgaben
Materialien zum Buch

Die Materialien zum Buch sowie Videos mit Hilfen zur Installation können Sie unter der Adresse
https://akademie.datamics.com/python-buchmaterialien/
oder mit folgendem QR-Code erreichen:

8 Module und Bibliotheken

"I'm not a great programmer; I'm just a good programmer with great habits."

– Kent Beck

Die Entwicklung komplexer Anwendungen ist eine anspruchsvolle Aufgabe. In einem vorherigen Kapitel wurde bereits gezeigt, dass Funktionen dabei helfen, Codeduplikate zu vermeiden und ein Programm in funktionale Komponenten aufzuteilen. Dies erhöht einerseits die Wartbarkeit, aber auch die Erweiterbarkeit und Verständlichkeit eines Programmes.
Die nächsthöhere Ebene der funktionalen Organisation ist die Aufteilung eines Programmes in Module, beispielsweise ein Modul für mathematische Operationen und ein Modul für Datenbankoperationen. Dabei ist jedes Modul eine eigene Skriptdatei, die üblicherweise in einem Unterverzeichnis gespeichert wird. Vom Hauptskript aus werden dann die benötigten Variablen, Funktionen und Klassen aus den Modulen herausimportiert.

Außer den bereits vorgestellten Basisfunktionalitäten und Datenstrukturen verfügt Python über eine große Menge zusätzlicher, leistungsstarker Erweiterungen. Diese sind als Module organisiert und stellen in ihrer Gesamtheit die *Standardbibliothek* von Python dar. Ein wichtiges Beispiel für ein Modul der Standardbibliothek ist *datetime*, mit dem Datums- und Zeitangaben vergleichsweise einfach verarbeitet werden können.

Neben der Standardbibliothek gibt es eine Vielzahl von externen und frei verfügbaren Bibliotheken, die teilweise beachtliche Fertigkeiten bereitstellen. Beispielsweise können mit *NumPy* komplexe mathematische Operationen auf große Mengen von Daten effizient angewendet werden; ein weiteres beeindruckendes Beispiel ist *TensorFlow*, mit dessen Hilfe neuronale Netze mit wenigen Zeilen Programmcode erstellt und trainiert werden können. Im Gegensatz zu den Modulen der Standardbibliothek müssen diese aber nachinstalliert werden. Eine Übersicht über die Typen von Modulen zeigt Abbildung 8.1.

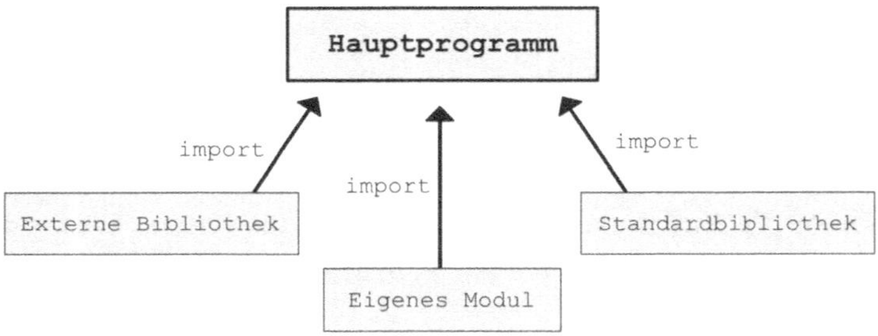

Abbildung 8.1: Python unterstützt externe Module, bietet viele Zusatzmodule in der Python-Standardbibliothek und erlaubt die Programmierung eigener Module.

8.1 Programme modularisieren

Wenn ein Programm aus Komponenten besteht, die voneinander funktional unabhängig sind, dann sollte das Programm in Module aufgespalten werden. Zum Beispiel könnten alle mathematischen Funktionen eines Programmes in einem eigenen Skript *mathematik.py* gespeichert werden:

```
KONSTANTE = 5

def einfache_operation(a, b):
    return 2 * a + 3 * b
```

8.1.1 Lokaler Import

Im einfachsten Fall liegen die Module wie das Beispielmodul *mathematik.py* des vorherigen Abschnitts im selben Verzeichnis wie das Hauptskript. Dann kann das Modul im Skript *hauptskript.py* mit Hilfe des Schlüsselworts `import` und dem Namen der Moduldatei ohne der Dateiendung *.py* importiert und verwendet werden:

```
import mathematik

for i in range(3):
    print(mathematik.einfache_operation(i, 10))
```

Wird *hauptskript.py* ausgeführt, erfolgt diese Ausgabe:

```
30
32
34
```

Wie gezeigt wird bei dieser Art des Imports die Funktion `einfache_operation` ausgeführt über den Modulnamen, gefolgt von einem Punkt und zuletzt dem Funktionsnamen. Ebenso könnte auf beliebige in der Datei *mathematik.py* definierte Klassen und Konstanten zugegriffen werden.
Es ist allerdings auch möglich, spezifisch `einfache_operation` aus der Moduldatei zu importieren und dann ohne vorangestelltem Modulnamen auszuführen. Dies geschieht mithilfe des Schlüsselworts `from`, siehe folgender Aufruf:

```
from mathematik import einfache_operation

for i in range(3):
    print(einfache_operation(i, 10))
```

```
30
32
34
```

Außerdem können mit `from` und dem Sternoperator `*` alle Inhalte eines Moduls importiert werden:

```
from mathematik import *
    print(KONSTANTE)
```

```
5
```

Das hat aber den Nachteil, dass gegebenenfalls Programmkonstrukte unbemerkt überschrieben werden können. Wenn nach obigem Import eine Konstante mit dem Namen `KONSTANTE` definiert wird, dann überschreibt diese die importierte Konstante mit dem gleichen Namen. Selbiges gilt auch für Funktionen und Klassen mit demselben Namen. Daher ist der spezifische Import einzelner Konstanten, Funktionen oder Klassen aus einem Modul vorzuziehen.

8.1.2 Modulverzeichnisse

Das Anlegen von Moduldateien im selben Verzeichnis ist nur bei sehr einfachen Programmen empfehlenswert. Strukturell sauberer ist es, für jedes Modul ein eigenes Verzeichnis anzulegen, ein sogenanntes Modulverzeichnis. Der Name des Verzeichnisses ist beliebig, sollte aber einen Hinweis auf die enthaltenen Funktionalitäten geben.
Zur Demonstration wird ein Unterverzeichnis *helfer* im Verzeichnis von *hauptskript.py* erzeugt. Wird die Moduldatei *mathematik.py* dann in das Unterverzeichnis *helfer* verschoben und dort zusätzlich eine leere Datei *__init__.py* angelegt, dann kann jetzt folgendermaßen die Funktion `einfache_operation` importiert werden:

```
from helfer.mathematik import einfache_
operation

for i in range(3):
    print(einfache_operation(i, 10))
```

```
30
32
34
```

Die leere Datei *__init__.py* muss in diesem Verzeichnis liegen, damit Python das Verzeichnis korrekt als Modulverzeichnis erkennt. In dieser Datei können außerdem beim Import auszuführende Initialisierungsoperationen definiert werden.
Ein Modulverzeichnis kann aber auch mehrere Skriptdateien enthalten – beispielsweise könnte *helfer* zusätzlich eine Datei *datenbank.py* enthalten. Der Import sähe dann beispielsweise folgendermaßen aus:

```
from helfer.datenbank import datensatz_
absenden
```

Die Benennung von Modulverzeichnissen und ihren Skriptdateien ist analog zur Benennung von Variablen und Funktionen, also Kleinschreibung bei Trennung funktionaler Komponenten per Unterstrich.

8.1.3 Ausführbarer Code in Modulen

Eine wichtige Eigenschaft von Modulen ist, dass sämtlicher Code in der Moduldatei beim Import ausgeführt wird. Wenn die Datei `mathematik.py` beispielsweise um eine `print`-Anweisung erweitert wird, dann wird diese beim Import automatisch ausgeführt.
Moduldatei:

```
def einfache_operation(a, b):
    return 2 * a + 3 * b

print("Hallo Welt")
```

Hauptskript:

```
from mathematik import einfache_operation

for i in range(3):
    print(einfache_operation(i, 10))
```

```
Hallo Welt
30
32
34
```

Hinweis: Da alle Anweisungen in *`mathematik.py`* direkt beim Import ausgeführt werden, erfolgt die Ausgabe von `Hallo Welt` hier vor der Ausgabe der Integerwerte!
Um dies zu umgehen, wird ausführbarer Code in Skripten in eine spezielle `if`-Kondition gepackt, wie hier gezeigt für *`mathematik.py`*:
`__name__` ist eine interne Variable von Python. Diese hat nur dann den Wert `"__main__"`, wenn das Programm direkt vom Interpreter gestartet und also **nicht** importiert wurde. Nach der Erweiterung von *`mathematik.py`* auf diese Weise wird beim Ausführen von *hauptskript.py* daher `"Hallo Welt"` nicht mehr ausgegeben.
Zwar verwenden Module in vielen Fällen keinen ausführbaren Programmcode; manchmal stellen Entwickler aber Testcode zur Verfügung, der nur ausgeführt wird, wenn das Modul nicht importiert, sondern vom Interpreter gestartet wird. Dies kann wie gezeigt mit der vorangestellten `if`-Kondition realisiert werden.

Die Datei *hauptskript.py* braucht eine solche `if`-Kondition an sich nicht. Es ist jedoch Konvention, auch in Skripten, die vom Interpreter gestartet werden, den ausführbaren Code in besagter `if`-Kondition unterzubringen, für den Fall, dass doch einmal aus dem Hauptskript importiert werden soll.

8.1.4 Docstrings für Module

Das Python-interne Hilfssystem wird auch auf der Modulebene eingesetzt. Dazu wird ein Docstring mit der Beschreibung der bereitgestellten Funktionalität zu Beginn jedes Skripts im Modulverzeichnis definiert:
Anschließend kann nach dem Import der Hilfstext wie bekannt angezeigt werden:

```
from helfer import mathematik

help(mathematik)
```

```
NAME
    helfer.mathematik - Sammlung von einfachen
mathematischen Funktionen.

FUNCTIONS
    einfache_operation(a, b)
```

Wenn stattdessen das gesamte Modul `helfer` importiert und `help` auf dieses angewendet wird, erfolgt als Ausgabe die Auflistung aller Skripte im Modulverzeichnis (in unserem Beispiel also lediglich *mathematik.py*):

```
import helfer

help(helfer)
```

```
Help on package helfer:

NAME
    helfer

PACKAGE CONTENTS
    mathematik
```

Auf diese Weise kann man sich leicht einen Überblick über den Aufbau eines Modules verschaffen.

8.2 Python Standardbibliothek

Weshalb ist es notwendig, fortgeschrittene Funktionalitäten in Python aus der Standardbibliothek zu importieren? Wieso werden nicht einfach alle Funktionalitäten von Python ohne Import bereitgestellt?
Dafür gibt es zwei wichtige Gründe. Einerseits ist die Trennung der *Namespaces* (Deutsch Namensräume) der Module notwendig – verschiedene Module können Konstanten, Funktionen oder Klassen mit demselben Namen verwenden, wodurch diese überschrieben würden. Andererseits wird der Programmcode vom Interpreter schneller ausgeführt, wenn nur die erforderlichen Programmkonstrukte geladen werden.
Dabei umfasst die Standardbibliothek einen enormen Funktionsumfang[18]. An dieser Stelle werden daher nur die allerwichtigsten Module vorgestellt – nämlich `os` für betriebssystemunabhängige Betriebssystemfunktionalitäten, `random` zur Erzeugung von Zufallszahlen und `datetime` zum Umgang mit kalendarischen Daten und Uhrzeiten.

[18] https://docs.python.org/3/library/index.html

Tabelle 8.1 zeigt eine Übersicht wichtiger Module der Standardbibliothek. Die wichtigsten davon, `os`, `random` und `datetime` werden in diesem Abschnitt detailliert vorgestellt.

Modulname	Aufgabe
`os`	Betriebssystemfunktionalitäten
`random`	Erzeugung von Zufallszahlen
`datetime`	Datumsoperationen
`math`	Fortgeschrittene Mathematik-Anwendungen
`zipfile`	Verarbeitung von Zip-Dateien
`time`	(genaue) Zeitmessung
`csv`	Verarbeitung von CSV-Dateien
`glob`	Vereinfachte Pfadoperationen
`re`	Verarbeitung regulärer Ausdrücke
`locale`	Internationalisierung
`multiprocessing`	Parallelisierung

Tabelle 8.1: Module der Standardbibliothek

8.2.1 Betriebssystemunabhängigkeit mit *os*

Verschiedene Betriebssysteme müssen beim Zugriff auf Betriebssystemfunktionalitäten verschieden behandelt werden. Beispielsweise verwenden MacOS und Linux Schrägstriche zur Darstellung von Dateipfaden, Windows hingegen den Backslash und ein vorangestelltes `C:`

```
/dies/ist/ein/linux/pfad
C:\dies\ist\ein\windows\pfad
```

Ein Programm, welches dies nicht berücksichtigt, kann nur auf dem Betriebssystem funktionieren, auf dem es entwickelt und getestet wurde. An dieser Stelle kommt das Modul `os`[19] (für *Operating System*, Deutsch Betriebssystem) ins Spiel. Damit das Modul verwendet werden kann, muss es zuerst importiert werden:

[19] https://docs.python.org/3/library/os.html

```
import os
```

Pfaderzeugung

Mithilfe der Methode `.join` im Untermodul `os.path` kann jetzt einfach ein Pfad aus den Strings seiner einzelnen Teile zusammengesetzt werden. Wird die Methode auf einem Windows-Rechner ausgeführt, dann wird ein Windows-Pfad erzeugt. Auf einem Mac- oder Linux-Rechner hingegen ist das Ergebnis ein für diese Betriebssysteme passender Pfad.
Dazu hier ein Beispielaufruf von `os.path.join`:

```
print(os.path.join("dies", "ist", "ein",
"pfad", "datei.txt"))
```

Dabei wird `.join` eine beliebige Anzahl von Verzeichnisnamen und, wenn gewünscht, zuletzt noch ein Dateiname übergeben.
Wird obiger Code auf MacOS oder Linux ausgeführt, dann sieht das Ergebnis folgendermaßen aus:

```
dies/ist/ein/pfad/datei.txt
```

Unter Windows ist das Ergebnis hingegen dieses:

```
dies\ist\ein\pfad\datei.txt
```

Beachte: Standardmäßig erzeugt `os.path.join` relative Pfade, also ohne vorangestelltem / oder `C:\`. Falls ein absoluter Pfad erzeugt werden soll, dann muss zusätzlich `os.path.abspath` zusammen mit `os.sep` (für Separator, das jeweilige, dem Betriebssystem entsprechende Trennsymbol) als erstes Pfadelement übergeben werden:

```
print(os.path.abspath(os.path.join(os.sep,
"dies", "ist", "ein", "pfad", "datei.txt")))
```

Ausgabe Windows:

```
C:\dies\ist\ein\pfad\datei.txt
```

Ausgabe MacOS und Linux:

```
/dies/ist/ein/pfad/datei.txt
```

Pfad aufteilen

Eine weitere praktische Methode in `os.path` ist `.split`, mit der von einem Dateipfad in Form eines Strings immer die letzte Komponente (also der Dateiname oder das letzte Verzeichnis im Pfad) abgespalten und das Ergebnis als Tupel zurückgegeben wird:

```
print(os.path.split("C:\ein\pfad\datei.txt"))
```

```
"('C:\ein\pfad', 'datei.txt')"
```

Um den ganzen Pfad aufzuteilen, muss `.split` mehrfach angewendet werden.

Verzeichnisse erzeugen

Nicht nur das Untermodul `os.path` ist interessant; auch das Hauptmodul `os` bietet eine Reihe wichtiger Funktionalitäten.
Beispielsweise kann mit `.mkdirs` ein oder mehrere neue Verzeichnisse angelegt werden:

```
os.makedirs("verzeichnis1\verzeichnis2")
```

Obiger Befehl erzeugt das Verzeichnis *verzeichnis1* zusammen mit einem Unterverzeichnis *verzeichnis2*.

Achtung: Wenn das zu erzeugende Verzeichnis bereits existiert, wird eine Exception ausgelöst:

```
os.makedirs("verzeichnis1")
```

```
FileExistsError: [Errno 17] File exists:
'verzeichnis1'
```

Um dies zu vermeiden, muss `.makedirs` der Parameter `exists_ok=True` übergeben werden.

Verzeichnis wechseln

Die Methode `.chdir` gestattet den Wechsel in ein anderes Verzeichnis:

```
os.chdir("verzeichnis1")
```

Praktisch sollte `.chdir` eher selten eingesetzt werden, da der Wechsel von Verzeichnissen die Verständlichkeit des Programmablaufs reduziert. Besser ist es, vom Ursprungsverzeichnis aus zu arbeiten und die benötigten Pfade zu generieren.

Verzeichnisinhalt ermitteln

Die Methode `.listdir` gibt den Inhalt eines Verzeichnisses zurück. Damit kann gezeigt werden, dass der Verzeichniswechsel im vorherigen Abschnitt funktioniert hat:

```
print(os.listdir())
```

```
['verzeichnis2']
```

Da das `verzeichnis1` lediglich das Unterverzeichnis `verzeichnis2` enthält, ist obige Ausgabe korrekt. Allerdings kann `.listdir` auch ein Pfad übergeben werden:

```
print(os.listdir("verzeichnis2"))
```

```
[]
```

Das Ergebnis ist eine leere Liste, da das ebengerade erstellte Verzeichnis `verzeichnis2` keine Inhalte hat.
Neben den vorgestellten Methoden stellt `os` viele weitere wichtige Werkzeuge zur Nutzung von Betriebssystemfunktionalitäten, unabhängig vom verwendeten Betriebssystem, bereit, unter anderem `.chmod` und `.chown` zur Anpassung der Rechte einer Datei respektive zum Wechsel des Besitzers einer Datei.

8.2.2 Zufallszahlen mit *random*

In zahlreichen Anwendungen werden Zufallszahlen benötigt, sei es bei der Erzeugung von Passwörtern, in Spielen oder bei der Entwicklung autonomer Roboter für zufällige Richtungsänderungen. Mit dem praktischen Modul `random`[20] bietet Python einen einfachen Weg zur Erzeugung von Zufallszahlen. Am häufigsten wird `random` zur Erzeugung von Integerwerten, Floats und zum Mischen von Listen benötigt. Die Verwendung von `random` zu diesen Zwecken ist der Inhalt dieses Abschnitts.
Doch zunächst muss `random` aus der Standardbibliothek importiert werden:

```
import random
```

Integerwerte erzeugen

Mit der Methode `.randint` können jetzt Integer-Zufallszahlen erzeugt werden. Dabei müssen der Start- und Endwert des Intervalls, aus dem die Zufallszahl stammen soll, als Parameter übergeben werden:

[20] https://docs.python.org/3/library/random.html

```
print(random.randint(-5, 5))
```

Mögliche Ausgabe:

```
-3
```

Im Gegensatz zur Erzeugung einer Liste von Integers mit `range` sind hierbei sowohl der Start- als auch der Endwert inklusive – `random.randint(0, 1)` kann als Ergebnis auch `1` haben.

Floats erzeugen

Eine Float mit einem Wert zwischen `0` und `1` wird mit `.random` erzeugt:

```
print(random.random())
```

Mögliche Ausgabe:

```
0.2454648060967l872
```

Falls stattdessen ein uniform gezogener Zufallswert aus einem Intervall gebraucht wird, steht die Methode `.uniform` zur Verfügung. Start- und Endwert des Intervalls werden als Parameter übergeben:

```
print(random.uniform(-1.1, 5))
```

Mögliche Ausgabe:

```
1.174257170068823
```

Bei jedem Aufruf der gezeigten Methoden der Randomisierung werden, wie zu erwarten, andere Zufallszahlen generiert.

Randomisierung mit einem Seed fixieren

Oft ist es aber wichtig, die erzeugten Zufallszahlen zu fixieren, damit bei jedem Programmlauf die gleichen Zufallszahlen verwendet werden. Dies ist essentiell, um das Verhalten von Programmen zu testen. Dazu wird ein sogenannter *Seed* (Deutsch: Same) für den Zufallszahlengenerator definiert, üblicherweise eine Zahl. Der Zufallszahlengenerator hat dann eine fixe Reihenfolge von Zufallszahlen, die bei jedem Programmlauf konstant ist.

Der Seed wird mit der Methode `.seed` und einem Integerwert als Wert des Seeds gesetzt:

```
random.seed(42)

print(random.random())
print(random.random())
```

```
0.6394267984578837
0.025010755222666936
```

Wird obiger Code ein zweites Mal ausgeführt, dann werden dieselben Zufallszahlen erzeugt! Ohne dem Seed wäre das Ergebnis bei jedem Lauf verschieden. Durch den Aufruf von `.seed` ohne Parameter wird der fix gesetzte Wert des Seeds wieder entfernt, woraufhin der Seed wieder einen Zufallswert annimmt:

```
random.seed(42)
random.seed()

print(random.random())
print(random.random())
```

Mögliche Ausgabe:

```
0.1382442258991532
0.6263750117198642
```

Da der fixe Seed entfernt wurde, haben die Aufrufe von `.random` andere Ergebnisse als im vorherigen Beispiel.

Listen mischen

Neben reinen Zufallszahlen ist es oft erforderlich, eine Liste oder eine andere Datensequenz zu mischen, beispielsweise bei einem Pokerspiel für die Kartenreihenfolge beim Start einer Runde.
Diese Anforderung erfüllt die Methode `.shuffle`. Zuerst erzeugen wir eine Liste mit Karten als Beispiel:

```
karten = ["H2","PA", "c10", "HK"]

print(karten)
```

```
['H2', 'PA', 'c10', 'HK']
```

Jetzt können wir diese mit `.shuffle` mischen:

```
random.shuffle(karten)

print(karten)
```

```
['c10', 'PA', 'HK', 'H2']
```

Achtung: Die Methode `.shuffle` in `random` arbeitet **in-place** (Deutsch: vor Ort). Die Methode gibt nicht die gemischte Liste, sondern `None` zurück – die Liste ist jedoch danach wie gezeigt gemischt.

Beachte: Auch beim Mischen von Listen kann ein Seed gesetzt werden. Wenn der folgende Code wiederholt ausgeführt wird, entsteht immer die gleiche Mischreihenfolge:

```
liste = [1, 2, 3, 4, 5, 6, 7, 8, 9]
random.seed(42)

random.shuffle(liste)

print(liste)
```

```
[4, 7, 8, 5, 9, 3, 6, 1, 2]
```

Ein erneuter Aufruf des Codes führt zum gleichen Ergebnis!

8.2.3 Kalendarischen Daten mit *datetime*

Exakte Zeit- und Datumsangaben sind in vielen Anwendungen erforderlich, unter anderem natürlich Kalendersoftware, jede Form von Navigation, in der Datenanalyse und bei der Arbeit mit Datenbanken. Zugegebenermaßen ist das dafür verfügbare Modul `datetime`[21] weniger einfach in der Anwendung als die bisher vorgestellten Module `os` und `random`. Dies ist darin begründet, dass der korrekte Umgang mit kalendarischen Daten eine anspruchsvolle Aufgabe ist. Daher muss auch das dafür verantwortliche Modul einer entsprechenden Komplexität, wie zum Beispiel der Konvertierung eines Strings in ein Datumsobjekt oder andersherum, gerecht werden.

Aktuelles Datum ermitteln

Zur Einführung betrachten wir zuerst die Ausgabe des aktuellen Datums mithilfe von `datetime`.

`datetime` muss wie die anderen Module auch zuerst importiert werden; dies geschieht folgendermaßen:

```
import datetime
```

[21] https://docs.python.org/3/library/datetime.html

Jetzt kann mit der Methode `.now` im Submodul `.datetime` einfach eine Instanz von `datetime` mit der aktuellen Uhrzeit und Datum erzeugt werden:

```
jetzt = datetime.datetime.now()

print(jetzt)
print(type(jetzt))
```

```
2021-11-01 16:17:23.984760
<class 'datetime.datetime'>
```

Der Typ ist, wie gezeigt, eine Instanz der Klasse `datetime.datetime`. Die Reihenfolge ist hier vom größten zum kleinsten kalendarischen Wert.

Zugriff auf die Komponenten eines Datums

Der Zugriff auf die einzelnen kalendarischen Werte, hier gezeigt für Jahr und Sekunde, ist einfach:

```
print("Jahr: ", jetzt.year, " Sekunde: ",
jetzt.second)
```

```
Jahr:  2021  Sekunde:  7
```

Die Bezeichner der kalendarischen Werte sind `.year` (Jahr), `.month` (Monat), `.day` (Tag), `.minute` (Minute), `.seconds` (Sekunde), `.milliseconds` (Millisekunde) und `.microseconds` (Mikrosekunde).

Eigenes Datum erzeugen

Außerdem können `datetime`-Instanzen auch mit dem Klassenkonstruktor und den gewünschten kalendarischen Werten erzeugt werden:

```
datum = datetime.datetime(2012, 12, 24, 18)

print(datum)
```

```
2012-12-24 18:00:00
```

Die Reihenfolge der Parameter ist dabei wiederum kalendarisch absteigend, also Jahr, Monat, Tag, Stunde, Minute, Sekunde, Millisekunde und zuletzt Mikrosekunde.
Besser verständlich ist die Erzeugung eines Datums mit benannten, statt positionalen Parametern:

```
datum = datetime.datetime(month=12, day=24,
hour=18, year=2012)

print(datum)
```

```
2012-12-24 18:00:00
```

Datum ändern mit timedelta

Mit der Methode `.timedelta` (Deutsch *Zeitunterschied*) können Instanzen der Klasse `datetime` beliebig verändert werden:

```
print(jetzt)

spaeter = jetzt + datetime.timedelta(days=7)

print(spaeter)
```

```
2021-11-01 17:15:14.431328
2021-11-08 17:15:14.431328
```

Die neu erzeugte Instanz `in_einer_woche` wurde korrekt um sieben Tage nach vorne verschoben. Ebenso kann ein `timedelta` auch subtrahiert werden:

```
print(jetzt)

frueher = jetzt - datetime.timedelta(days=7)

print(frueher)
```

```
2021-11-01 17:17:22.397789
2021-10-25 17:17:22.397789
```

Es ist auch möglich, mehrere kalendarische Werte in einem einzigen Schritt zu verändern:

```
print(jetzt)

frueher = jetzt + datetime.timedelta(days=7,
hours=-2)

print(frueher)
```

```
2021-11-02 07:40:14.144549
2021-11-09 05:40:14.144549
```

`timedelta` nimmt als Parameter `weeks` (Wochen), `days` (Tage), `hours` (Stunden), `minutes` (Minuten), `seconds` (Sekunden), `milliseconds` (Millisekunden) und `microseconds` (Mikrosekunden) an.

Datum zu String

Die Konvertierung von `datetime`-Instanzen in Strings ist häufig erforderlich. Dazu stellt die Klasse `datetime` die Methode `.strftime` bereit, welche einen Formatierungsstring als Parameter annimmt.

Hier ein Beispiel mit dem Formatierungsstring `"%A, %B, %d, %Y"`:

```
zeitformat = "%A, %B, %d, %Y"

print(jetzt.strftime(zeitformat))
```

```
Tuesday, November, 02, 2021
```

Dabei werden mit Prozentzeichen maskierte Bezeichner kalendarischer Werte nach Bedarf im Formatierungsstring positioniert.
Im gezeigten Beispiel wurden die Bezeichner `%A` für Wochentag, `%B` für Monatsname, `%d` für Tag als Dezimalzahl mit führender Null sowie `%Y` für die vollständige Jahreszahl verwendet. Weitere wichtige Bezeichner sind `%H` als aktuelle Stundenzahl im 24-Stundenzyklus, `%b` für den Monat als Dezimalzahl, `%M` für die Anzahl der Minuten und `%S` für Sekunden.
Datum und Uhrzeit nach europäischem Muster lässt sich also wie folgt darstellen:

```
zeitformat = "%A, der %d.%b.%Y um %H:%M:%S"

print(jetzt.strftime(zeitformat))
```

```
Tuesday, der 02.Nov.2021 um 12:30:35
```

In kürze werden alle Formatierungsbezeichner in einer Tabelle übersichtlich dargestellt.

Hinweis: Python gibt Wochentage und andere kalendarische Werte standardmäßig in Englisch aus, wie hier *Tuesday* statt *Dienstag*. Dies kann mit dem Modul `locale`[22] der Standardbibliothek auf Deutsch

[22] https://docs.python.org/3/library/locale.html

umgestellt werden. Dies erfordert jedoch die vorherige Installation des entsprechenden Sprachpaketes. Da diese Installation abhängig vom Betriebssystem ist und mehrere Schritte erfordert, sei dies dem geneigten Leser als Übung überlassen.

Datumsobjekte in f-Strings
Statt der Methode `.strftime` können auch die bereits vorgestellten, komfortablen f-Strings für die Konvertierung von `datetime`-Objekten in Strings eingesetzt werden. Dabei sind dieselben Bezeichner gültig:

```
print(f"{jetzt:%A, den %d.%b.%Y um %H:%M:%S}")
```

```
Tuesday, den 02.Nov.2021 um 13:01:00
```

Dabei ist die f-String-Syntax etwas anspruchsvoller; die geschweiften Klammern umhüllen die Instanz von `datetime` und den angewendeten Formatierungsstring.

String zu Datum
Für die Erzeugung eines Strings aus einer Instanz von `datetime` steht die Methode `.strptime` zur Verfügung. Der erste Parameter von `.striptime` ist der String, aus dem das Datum extrahiert werden soll; der zweite Parameter ein dazu passender Formatierungsstring:

```
datetime.datetime.strptime("Tuesday, den 02.Nov.2021 um 13:01:00", "%A, den %d.%b.%Y um %H:%M:%S")

print(datum)
```

```
2021-11-02 13:01:00
```

Hinweis: Hierbei muss das Muster des Formatstrings dem Datumsstring entsprechen, da sonst eine Exception ausgelöst wird:

```
datum = datetime.datetime.strptime("Tuesday,
den 02.Nov.2021 um 13:01:00", "%A den
%d.%b.%Y um %H:%M:%S")
```

```
ValueError: time data 'Tuesday, den 02.Nov.2021
um 13:01:00' does not match format '%A den
%d.%b.%Y um %H:%M:%S'
```

Im Vergleich mit dem vorangegangenen Beispiel fehlt beim Formatierungsstring lediglich ein Komma nach `%A` – der Formatierungsstring muss exakt zum Datumsstring passen!

Übersicht Formatierungsbezeichner

Neben den bereits vorgestellten Formatierungsbezeichnern gibt es viele weitere Bezeichner für die Konvertierung von `datetime`-Objekten zu Strings oder umgekehrt. Tabelle 8.2 zeigt alle verfügbaren Formatierungsbezeichner.

Bezeichner	Bedeutung	Werte
`%a`	Wochentag abgekürzt	Sun, Mon, ..., Sat
`%A`	Wochentag ausgeschrieben	Sunday, Monday, ..., Saturday
`%w`	Nummer Wochentag (0 ist Sonntag und 6 Samstag)	0, 1, ..., 6
`%d`	Tag im Monat	01, 02, ..., 31
`%b`	Monatsname abgekürzt	Jan, Feb, ..., Dec
`%B`	Monatsname ausgeschrieben	January, February, ..., December
`%m`	Monat als Zahl	01, 02, ..., 12
`%y`	Jahreszahl zweistellig	00, 01, ..., 99
`%Y`	Jahreszahl vierstellig	0001, 0002, ..., 2021, 2022, ...
`%H`	Stunde in 24-Stunden-Zählung	00, 01, ..., 23
`%l`	Stunde in 12-Stunden-Zählung	01, 02, ..., 12
`%p`	Ausgabe ob AM oder PM	AM oder PM
`%M`	Minuten	00, 01, ..., 59
`%S`	Sekunden	00, 01, ..., 59
`%f`	Mikrosekunden	000000, 000001, ..., 999999
`%z`	Abweichung zu UTC	None, 0000, –0400, ...
`%Z`	Zeitzone	None, UTC, EST, ...
`%j`	Tag im Jahr	001, 002, ..., 366
`%U`	Nummer Woche (Zählung beginnt mit Sonntag)	00, 01, ..., 53
`%W`	Nummer Woche (Zählung beginnt mit Montag)	00, 01, ..., 53
`%c`	Datum und Uhrzeit	Mon Apr 18 20:15:00 2022
`%x`	Komplettes Datum	04/21/2022
`%X`	Komplette Uhrzeit	20:15:00

Tabelle 8.2: Formatierungsbezeichner

Wird das deutsche Sprachpaket installiert und aktiviert, dann werden stattdessen die jeweiligen Terme auf Deutsch verwendet.

Vergleich von Datumsobjekten

Instanzen von `datetime` lassen sich einfach miteinander vergleichen:

```
etwas_spaeter = jetzt + datetime.timedelta(minutes=5)

print(jetzt == etwas_spaeter)
print(jetzt < etwas_spaeter)
print(jetzt == etwas_spaeter - datetime.timedelta(minutes=5))
```

```
False
True
True
```

Der erste Vergleich, `jetzt == etwas_spaeter`, ist `False`, da `etwas_spaeter` um fünf Minuten nach vorne verschoben wurde. Der zweite Vergleich, `jetzt < etwas_spaeter`, ist `True` – `jetzt` ist früher und also kleiner als `etwas_spaeter`. Wird allerdings, wie im dritten Vergleich, ein Timedelta von fünf Minuten wieder von `etwas_spaeter` abgezogen, dann ist das Ergebnis von `jetzt == etwas_spaeter - datetime.timedelta(minutes=5)` folglich `True`.

Mit einem solchen Vergleich können sehr einfach zeitbedingte Warteschleifen implementiert werden, hier gezeigt mit `while`:

```
dauer = datetime.datetime.now() + datetime.timedelta(seconds=10)

while datetime.datetime.now() < dauer:
    pass

print("10 Sekunden abgelaufen")
```

```
10 Sekunden abgelaufen
```

Obige Schleife läuft still für zehn Sekunden und führt danach das `print` aus.

Weitere Module zum Umgang mit Zeit

Für gröbere Datumsoperationen steht das Modul `date`[23] und für feinere `time`[24] zur Verfügung. Dabei ist insbesondere die Methode `.sleep` aus dem Modul `time` interessant, mittels der die Programmausführung für die übergebene Zeitspanne angehalten wird.

Mit `sleep` lässt sich die `while`-Schleife des vorherigen Beispiels einfacher formulieren:

```
from time import sleep

sleep(10)

print("10 Sekunden abgelaufen")
```

```
10 Sekunden abgelaufen
```

`sleep` ist wesentlich genauer als die vorherige, auf einem `datetime`-Zeitvergleich basierende Warteschleife!

[23] https://docs.python.org/3/library/datetime.html#date-objects
[24] https://docs.python.org/3/library/datetime.html#time-objects

8.3 Externe Module

Neben den Modulen der Standardbibliothek steht eine große Anzahl weiterer Module von unabhängigen Python-Entwicklern zur Verfügung, zum Beispiel auf der weit verbreiteten Code-Sharing-Plattform GitHub[25]. Externe Module bezeichnen in diesem Zusammenhang kleine, spezialisierte Sammlungen von Code. Externe Bibliotheken hingegen sind umfangreiche Projekte, die viele Module mit einer zusammengehörigen Funktionalität bereitstellen.
Externe Module oder Bibliotheken werden häufig über die Paketmanagement-Software *Pip*[26] verwaltet. Ein einfaches Beispielmodul wie `emoji` zur Ausgabe von Emojis im Terminal wird dabei mittels folgender Terminaleingabe installiert:

```
pip install emoji
```

Wichtig: Falls dies eine Fehlermeldung im Sinne von `Befehl nicht gefunden` erzeugt, dann war die zu Beginn des Buches gezeigte Installation von *Pip* nicht erfolgreich und sollte wiederholt werden.

Mit diesem Programmcode wird jetzt ein Emoji im Terminal ausgegeben:

```
from emoji import emojize

print("Super ", emojize(":thumbs_up:"))
```

```
Super 👍
```

Dabei ist der PythonPackageIndex *PyPi*[27] das größte öffentliche Paketverzeichnis von Python. Eigene Projekte können mit geringem Aufwand auf PyPi hochgeladen werden.

[25] https://github.com
[26] https://pypi.org/project/pip
[27] https://pypi.org

Achtung: Bei der Installation externer Module muss unbedingt aufgepasst werden! Externe Module sind wesentlich schlechter validiert als die Python-Standardbibliothek, es kommt immer wieder vor, dass Schadcode eingeschmuggelt wird!

8.4 Externe Bibliotheken

In diesem Abschnitt werden Ihnen vier beliebte, weit verbreitete und leistungsfähige externe Bibliotheken kurz vorgestellt – NumPy, Pandas, Matplotlib und Tensorflow. Dabei ist es nicht nötig, dass Sie die Bibliotheken installieren und die Beispiele nachvollziehen. Sie können zuerst das Buch abschließen und dann bei Bedarf in die durchaus anspruchsvollen Zusatzbibliotheken einsteigen!

8.4.1 NumPy

NumPy[28] (Installation[29]) ist eine der wichtigsten Bibliotheken für effizientes wissenschaftliches Rechnen mit Python.
Eine Vielzahl von komplexen mathematischen Anwendungen sind in NumPy enthalten. Die grundlegenden Datenstrukturen sind Arrays und Matrizen. Diese sind geschwindigkeitsoptimiert in *Cython*[30] implementiert, wodurch ein Nachteil von Python, nämlich die vergleichbar langsame Ausführung als interpretierte und nicht kompilierte Programmiersprache, ausgeglichen wird.
Per Konvention wird NumPy beim Import zu `np` umbenannt:

```
import numpy as np
```

Jetzt könnten beispielsweise mit der NumPy-Methode `.linspace` einfach zwanzig gleichverteilte Werte im Intervall `0` bis `20` erzeugt und anschließend ihr Sinus berechnet werden:

[28] https://numpy.org
[29] https://numpy.org/install
[30] https://github.com/python/cpython

```
print(np.sin(np.linspace(0,10,20)))
```

```
[ 0.          0.50235115  0.86872962  0.99996678
0.86054034  0.48818921
 -0.01630136 -0.5163796  -0.87668803 -0.99970104
-0.85212237 -0.47389753
  0.03259839  0.53027082  0.88441346  0.99916962
0.84347795  0.4594799
 -0.04888676 -0.54402111]
```

8.4.2 Pandas

Die Bibliothek Pandas[31] (Installation[32]) stellt eine Reihe von fortgeschrittenen Anwendungen zur Manipulation und Analyse von Daten bereit. Daten werden in Tabellen organisiert und verarbeitet. Zentrale Funktionalitäten sind zur Steigerung der Effizienz ebenfalls in Cython[33] programmiert. Im Vergleich mit NumPy ist Pandas auf höherwertige Datenoperationen ausgerichtet. Pandas und NumPy werden gerne zusammen eingesetzt und ergänzen sich hervorragend. Beim Import wird Pandas zu `pd` gekürzt:

```
import numpy as np
import pandas as pd
```

Hier erfolgt der Import zusammen mit NumPy, da die gemeinsame Verwendung der beiden Module gezeigt werden soll.

Die zentrale Datenstruktur von Pandas ist das *DataFrame*. Ein DataFrame ist nichts anderes als eine Tabelle mit beliebigen, heterogenen Daten. DataFrames sind optimiert für die schnelle Verarbeitung mit Python und eine exzellente Grundlage für darauf aufbauende Datenvisualisierungen.

---

[31] https://pandas.pydata.org

[32] https://pandas.pydata.org/docs/getting_started/install.html

[33] https://cython.org

Mit folgendem Programmcode wird ein einfaches DataFrame erzeugt, mit Zufallswerten belegt und ausgegeben:

```
print(pd.DataFrame(np.randim.randn(5,4),
index='A B C D E'.split(),
    columns='W X Y Z'.split()))
```

```
W          X         Y         Z
A  0.928436 -1.462366 -0.920549  0.163653
B -2.074371 -0.250901  0.015407 -0.169072
C -0.053645 -0.399021 -1.305701  1.946650
D -1.452924 -3.078622 -1.214818 -0.728097
E -0.804074 -0.278662  2.237496  1.281601
```

Dabei wurde die Methode `.randn` aus `numpy.random` verwendet, um das DataFrame mit Werten zu befüllen.

8.4.3 Matplotlib

Matplotlib[34] (Installation[35]) ist eine Zusatzbibliothek zur Visualisierung von Daten in Python.

Der Name Matplotlib bezieht sich auf die kommerzielle Programmiersprache *MatLab*, die häufig in den Ingenieurswissenschaften eingesetzt wird. Die Syntax von Matplotlib orientiert sich an der Syntax von MatLab – Matplotlib ist aber frei verfügbar. Ein häufiges Anwendungsgebiet von Matplotlib ist die Visualisierung von mit NumPy und Pandas aufbereiteten Daten.

`matplotlib` wird per Konvention unter dem Namen `plt` importiert. Zusätzlich wird im folgenden Beispiel ein einfaches Pandas-DataFrame mit Dummydaten angelegt:

[34] https://matplotlib.org

[35] https://matplotlib.org/stable/users/installing.html

```
import pandas as pd
import matplotlib.pyplot as plt

df = pd.DataFrame({'Produkt': ['Birne', 'Lampe', 'Tisch', 'Stift',
    'Notebook'], 'Preis': [9.99, 69.50, 319.99, 0.75, 1129.00]})
```

Nun werden einige kosmetische Korrekturen für die Darstellung vorgenommen:

```
plt.rcParams["font.size"] = 20

plt.xlabel("Produkt")
plt.ylabel("Preis")
```

Die globale Schriftgröße von `matplotlib` wird auf `20` gesetzt; außerdem werden die Beschriftungen der Achsen für den aktuellen Plot (Deutsch: Graph) angepasst.

Hinweis: Der aktuelle Plot wurde beim Import von `matplotlib` automatisch erzeugt.

Jetzt können die Dummydaten im DataFrame in eine Instanz von `matplotlib.bar` eingespeist (`bar` für *Bar Plot*, Deutsch Balkendiagramm) und schließlich mit `.show` angezeigt werden. Das Ergebnis ist in Abbildung 8.2 zu sehen.

```
plt.bar(df["Produkt"], df["Preis"])

plt.show()
```

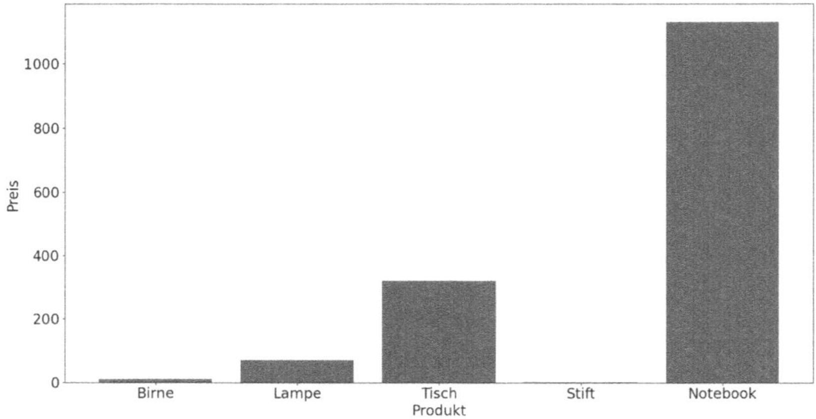

Abbildung 8.2: Matplotlib Balkendiagramm

8.4.4 TensorFlow

Die Zusatzbibliothek TensorFlow[36] (Installation[37]) wurde von Google entwickelt und stellt zahlreiche Algorithmen aus dem Bereich *Maschinelles Lernen* zur Verfügung.

Beispielsweise können die im folgenden Beispiel vorgestellten neuronalen Netze mit TensorFlow (relativ) einfach aufgesetzt, trainiert und angewendet werden. Ein Neuronales Netz in der Künstlichen Intelligenz bezeichnet ein Netzwerk von Neuronen, welches zur Vorhersage von Mustern in Daten trainiert werden kann.

TensorFlow ist eine der weltweit am häufigsten eingesetzten Bibliotheken in diesem Bereich. Es ist derart beliebt, dass es nicht nur als Python-Implementation vorliegt, sondern unter anderem auch für JavaScript und C bereitgestellt wird.

Die Konvention beim Import von TensorFlow ist die Abkürzung zu `tf`:

```
import tensorflow as tf
import matplotlib.pyplot as plt
import seaborn as sns
```

[36] https://www.tensorflow.org

[37] https://www.tensorflow.org/install/pip

Zusätzlich wurde MatPlotLib geladen, um den Verlauf des Trainings des neuronalen Netzes darstellen zu können, sowie Seaborn, eine Zusatzbibliothek von MatPlotLib. Doch zuerst gilt es, den Beispieldatensatz `mnist` zu installieren und die Beispieldaten in Test- und Trainingsdaten aufzuteilen. Außerdem müssen die Daten normalisiert werden:

```
mnist = tf.keras.datasets.mnist

(x_train, y_train), (x_test, y_test) = mnist.load_data()

x_train, x_test = x_train / 255.0, x_test / 255.0
```

Der Datensatz `mnist`[38] enthält 60.000 Graustufenbilder handgeschriebener Ziffern mit jeweils 28*28 Pixeln. Ziel ist es, das neuronale Netzwerk auf dem Datensatz zu trainieren, damit ein vorher abgeteilter Testdatensatz gut vorhergesagt werden und folglich das neuronale Netzwerk handgeschriebene Ziffern gut erkennen kann.
Dazu wird ein neuronales Netzwerk genannt `model` angelegt:

```
model = tf.keras.models.Sequential([
    tf.keras.layers.Flatten(input_shape=(28, 28)),
    tf.keras.layers.Dense(128, activation='relu'),
    tf.keras.layers.Dropout(0.2),
    tf.keras.layers.Dense(10)])
```

Die Typen der Layers (Deutsch: Schichten) des Netzwerks muss dabei dem Problem angepasst werden. Im ersten Layer `Flatten` werden Bilder im Format 28*28px angenommen, im letzten, `Dense` wird

[38] http://yann.lecun.com/exdb/mnist

das Ergebnis der Berechnung des neuronalen Netzwerks auf zehn mögliche Ausgaben für die Ziffern Null bis Neun festgelegt.

```
predictions = model(x_train[:1]).numpy()

tf.nn.softmax(predictions).numpy()

loss_fn = tf.keras.losses.
SparseCategoricalCrossentropy(from_
logits=True)

loss_fn(y_train[:1], predictions).numpy()

model.compile(optimizer='adam', loss=loss_
fn, metrics=['accuracy'])
```

Im nächsten Schritt wird das neuronale Netzwerk schließlich trainiert, zu Demonstrationszwecken mit einer sehr niedrigen Anzahl von Epochen (Lernschritten):

```
model.fit(x_train, y_train, epochs=5)
```

```
Epoch 1/5
1875/1875 [==============================] - 2s
1ms/step - loss: 0.2965 - accuracy: 0.9132
Epoch 2/5
1875/1875 [==============================] - 2s
1ms/step - loss: 0.1421 - accuracy: 0.9577
Epoch 3/5
1875/1875 [==============================] - 2s
1ms/step - loss: 0.1077 - accuracy: 0.9672
Epoch 4/5
```

```
1875/1875 [==============================] - 2s
1ms/step - loss: 0.0870 - accuracy: 0.9734
Epoch 5/5
1875/1875 [==============================] - 2s
1ms/step - loss: 0.0755 - accuracy: 0.9764
```

Bei einem Training über nur fünf Epochen wurde eine Akkuratheit von **0.97**, also **97%**, erreicht!

Die Entwicklung der Fehlerfunktion `loss_fn` im Training kann mit MatPlotLib visualisiert werden, siehe Abbildung 8.3.

```
verlust = model.history.history['loss']

sns.lineplot(x=range(len(verlust)),
y=verlust)
plt.title("Trainingsverlust pro Epoche")

plt.show()
```

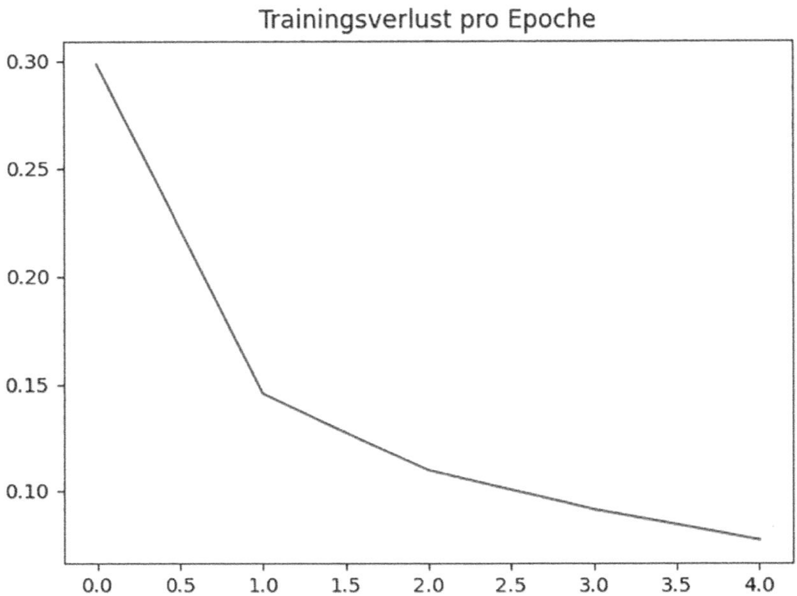

Abbildung 8.3: Neuronales Netzwerk Training

Übungsaufgaben
Materialien zum Buch

Die Materialien zum Buch sowie Videos mit Hilfen zur Installation können Sie unter der Adresse
https://akademie.datamics.com/python-buchmaterialien/
oder mit folgendem QR-Code erreichen:

9 Dateien

"Good programmers never write what they can steal or borrow."
– Jeff Atwood

Im vorherigen Kapitel wurde bereits das Modul `os` aus der Standardbibliothek vorgestellt, mit dem viele wichtige Dateioperationen ausgeführt werden können. Das Lesen und Beschreiben von Dateien gehört jedoch nicht zum Aufgabenbereich von `os`, sondern ist Teil der fest in Python eingebauten, immer verfügbaren Basisfunktionalität.

9.1 Dateien lesen und schreiben

Die Bearbeitung einer Datei erfolgt in drei Schritten:

1. Datei öffnen
2. Inhalt lesen oder Datei beschreiben
3. Datei schließen

Je nach Bedarf kann eine Datei entweder im Lese- oder im Schreibmodus geöffnet werden. Zwar ist es in Python möglich, den Inhalt einer im Schreibmodus geöffneten Datei zu lesen. In der Praxis ist es aber vorzuziehen, diese beiden Operationen nicht in einem einzigen Schritt auszuführen, um das versehentliche Überschreiben von Dateien zu vermeiden.
Tabelle 9.1 zeigt die in den folgenden Abschnitten vorgestellten Schreib- und Leseoperatoren als Übersicht.

Bezeichner	Typ	Effekt
`r`	Operator	Öffne im Lesemodus
`w`	Operator	Öffne im Schreibmodus
`a`	Operator	Öffne im Anhängemodus
`x`	Operator	Öffne im Erzeugemodus
`+`	Modifikator	Parallel Lesen und Schreiben
`b`	Modifikator	Öffne die Datei als Binärdatei

Tabelle 9.1: Operatoren bestimmen die Bearbeitungsart. Modifikatoren werden an Operatoren angehängt und modifizieren die Wirkung dieser.

9.1.1 Schreibzugriff

Folgendermaßen wird eine Datei in Python für den Schreibzugriff geöffnet:

```
f = open('datei.txt', 'w')
```

Die Funktion `open` gibt einen *Filehandler* (Deutsch *Dateiverwalter*) zurück: ein Objekt, welches die zur Bearbeitung der Datei benötigten Operationen zur Verfügung stellt.

`f` ist ein häufig verwendeter Bezeichner für Filehandler, aber nicht verbindlich. Im Falle umfangreicherer Dateibearbeitungen sind spezifischere Bezeichner vorzuziehen. Der Parameter `'w'` (für *write*) bewirkt, dass die Datei im Schreibmodus geöffnet wird.

Mit der Methode `.write` des FileHandlers kann die Datei jetzt beschrieben und anschließend durch den Aufruf von `.close` sicher geschlossen werden:

```
print(True and True)
print(True and False)
print(False and False)
```

Dabei ist, wie auch schon im Kapitel *Einfache Datentypen* beschrieben, `\n` ein Sonderzeichen, das von Python in Strings als Zeilenumbruch interpretiert wird. `"Text"` wird daher in eine neue Zeile geschrieben.

9.1.2 Lesezugriff

Falls stattdessen `'r'` als Parameter an `open` übergeben wird, dann öffnet sich die Datei im Lesemodus. Der Inhalt der Datei kann dann mit der Methode `.read` ausgelesen werden:

```
f = open('datei.txt', 'r')

inhalt = f.read()

print(inhalt)

f.close()
```

> Wichtiger
> Text

Auch im Lesezugriff sollte der Filehandler der Datei anschließend mit `.close` wieder geschlossen werden. Das Schließen von Filehandlern mit `.close` ist nicht zwingend erforderlich, aber empfehlenswert: eine solcherart geschlossene Datei kann nicht mehr gelesen oder beschrieben werden.

9.1.3 Kontextmanager *with*

Der Kontextmanager `with` vereinfacht den Umgang mit Dateiobjekten, indem offene Filehandler automatisch geschlossen werden, falls für sie keine weiteren Operationen anstehen. Dadurch kann der explizite Aufruf von `.close` vermieden werden:

```
with open('datei.txt', 'r') as f:
    inhalt = f.read()

    print(inhalt)
```

Der Kontextmanager `.with` unterstützt alle in diesem Kapitel vorgestellten Zugriffsmodi.

9.1.4 Anhängemodus

Wird eine Datei im Modus `'w'` geöffnet und ein `.write` ausgeführt, dann werden alle Inhalte der Datei überschrieben.
In vielen Fällen, unter anderem bei der Arbeit mit Logdateien oder auch Sensoraufzeichnungen, ist es aber gewünscht, am Ende der Datei neue Einträge hinzuzufügen, ohne den bisherigen Inhalt der Datei zu überschreiben.
Der Modus `'a'` (für *append*, Deutsch anhängen) öffnet wie `'w'` eine Datei zum Beschreiben, setzt aber im Gegensatz zu `'w'` den Schreibindex nicht auf den Anfang der Datei zurück, sondern belässt ihn am Ende. Dadurch hängt die Methode `.write` neue Inhalte am Ende der Datei an, anstatt die gesamte Datei zu überschreiben.
Abgesehen vom Modus ist die Syntax zum Anhängen an eine Datei analog zum Überschreiben:

```
with open('datei.txt', 'a') as f:
    f.write("\nAngehängt")
```

```
Wichtiger
Text
Angehängt
```

Anschließend hat *datei.txt* folgenden Inhalt:

9.1.5 Erzeugungsmodus

Ein weiterer interessanter Modus ist `'x'`, welcher eine Exception auslöst, falls eine Datei mit dem Namen bereits vorhanden ist:

```
f = open('datei.txt', 'x')
```

```
FileExistsError: [Errno 17] File exists: 'datei.
txt'
```

Auf diese Weise kann darauf verzichtet werden, vorher mit dem Modul `os` zu überprüfen, ob die Datei existiert und stattdessen einen `try`-Block einsetzen.

9.1.6 Gleichzeitig Lesen und Schreiben

Wie zu Beginn dieses Kapitels erwähnt kann eine Datei auch zum gleichzeitigen Lesen und Beschreiben geöffnet werden. Dazu dient der Modifikators `+`.
In Kombination mit `'r'`, also `'r+'`, wird die Datei zum Lesen und Beschreiben geöffnet, ohne dabei den Inhalt der Datei zu löschen:

```
with open('test.txt', 'r+') as f:
    inhalt = f.read()
    f.write("Neuer Inhalt")
```

Damit kann, wie hier gezeigt, zuerst der Inhalt ausgelesen und dann die Datei mit einem neuen Inhalt überschrieben werden. Im Gegensatz dazu überschreibt `'w+'` den Dateiinhalt; neu in die Datei geschriebene Inhalte können wieder gelesen werden:

```
with open('test.txt', 'w+') as f:
    f.write("Neuer Inhalt")
    inhalt = f.read()
```

Falls der Aufruf von `.read` im Modus `'w+'` vor `.write` erfolgt, dann ist das Ergebnis ein leerer String; nur neu in die Datei geschriebene Inhalte können ausgelesen werden!

9.1.7 Zeilenweises Lesen und Schreiben

In den meisten Fällen werden Textdateien zeilenweise eingelesen und bearbeitet. Das kann mit geringem Aufwand manuell erfol-

gen: nach dem Einlesen des gesamten Textes ist es möglich, diesen mit `.split("\n")` in eine Liste von Zeilen aufzuteilen. Auch kann eine Liste von Strings vor dem Schreiben in eine Datei mit `"".join(liste)` zusammengefügt werden.
Allerdings ist die zeilenweise Handhabung von Textdateien derartig häufig, dass Python dafür die praktischen Methoden `.readlines` und `.writelines` bereitstellt.
Folgendermaßen werden mit `.readlines` die Zeilen einer Datei eingelesen:

```
with open('datei.txt', 'r') as f:
    inhalt = f.readlines()

    print(inhalt)
```

```
['Wichtiger\n', 'Text\n', 'Angehängt']
```

Hinweis: Wie hier gezeigt, bleiben Zeilenumbruchszeichen am Ende jeder Zeile erhalten. Das hat den Sinn, dass eine eingelesene Textdatei einfach verändert und dann wieder in eine Datei geschrieben werden kann. Sollen jedoch die einzelnen Zeilen weiterverarbeitet werden, dann sind dabei die Zeilenumbruchszeichen zu berücksichtigen.

Mit der Methode `.writelines` des Filehandlers wird eine Liste von Strings in eine Datei geschrieben:

```
with open('datei.txt', 'w') as f:
    f.writelines(['Wichtiger\n', 'Text'])
```

Dabei werden in den einzelnen Strings der Liste Zeilenumbrüche wie bekannt mit `\n` gesetzt.

9.1.8 Binärdateien

Alle bisherigen Beispiele in diesem Kapitel zeigen den Umgang mit einfachen Textdateien. Der Inhalt von Textdateien kann von einem Texteditor als alphanumerische, für Menschen lesbare Zeichen dargestellt werden. Inhalte von Textdateien verarbeitet Python in der Form von einfachen Strings.

Die meisten Dateitypen liegen jedoch nicht in einem solchen vergleichsweise einfach zu bearbeitenden Dateiformat vor, sondern als *Binärdaten*. Binärdaten sind für die maschinelle Verarbeitung mit anderen Programmen enkodiert; einfachen Texteditoren können Binärdaten nicht in einer für Menschen verständlichen Weise wiedergeben. Bedeutende, binär kodierte Dateitypen sind Bilder, Videos, Audiodateien, gepackte Dateien, ausführbare Dateien kompilierter Programme und viele mehr.

Die vorgestellten Funktionalitäten zum Lesen und Beschreiben von Textdateien können auch auf Binärdaten angewendet werden. Dabei ist dem gewünschten Modus lediglich der Modifikator `'b'` (für *binary*, Deutsch binär) hinzuzufügen, also beispielsweise `'rb'` für den binären Lesezugriff.

Binäre Daten verarbeitet Python mit speziellen Strings, die anhand eines vorangestellten `b` einfach erkannt werden können. Als Beispiel dazu hier ein Auszug eines binär kodierten Strings:

```
b'\x89PNG\r\n\x1a\n\x00\x00\x00\rIHDR\x00\x00IEND\xaeB`\x82'
```

Dieser String wurde erzeugt, indem eine Datei im PNG-Format mit einem einzigen roten Pixel im Modus `'rb'` geöffnet und der Inhalt mit `.read` gelesen wurde.

Für Einsteiger ist der Umgang mit Binärdaten ein eher fernes Thema. Ein spannendes, fortgeschrittenes Anwendungsgebiet ist der automatisierte Up- oder Download von Binärdateien im Internet mithilfe von sogenannten *Filestreams*.

9.2 Serialisierung

Der Begriff *Serialisierung* bezeichnet in der Informatik den Prozess, Daten und Objekte in ein speicherbares Format zu transformieren, damit die ursprünglichen Datenstrukturen zu einem späteren Zeitpunkt sicher wiederhergestellt werden können (Deserialisierung).

Das ist wichtig! Bei einfachen Zahlenwerten reicht es, sie per Komma getrennt in eine Textdatei zu schreiben (sogenannte *CSV-Dateien*, Comma Separated Values, Deutsch per Komma getrennte Werte). Bei komplexeren Objekten wie Dictionaries oder sogar Instanzen eigener Klassen ist es nicht einfach, diese in einem gut reproduzierbaren Datenformat abzulegen.

Methoden für die Serialisierung von Daten haben verschiedene Anwendungsprofile. Beispielsweise gibt es Methoden, die zwar sehr effizient konvertieren, dabei aber nur einfache Datentypen unterstützen. Weiterhin kann es von Bedeutung sein, dass die serialisierten Daten in einer vom Nutzer lese- und veränderbaren Form vorliegen und nicht als Binärdaten. Gegebenenfalls muss die Serialisierungsmethode das Speichern und Wiederherstellen komplexer Instanzen eigener Klassen unterstützen. Interoperabilität mit anderen Programmiersprachen ist ein weiterer wichtiger Punkt, ebenso wie die Sicherheit – kann bei der Deserialisierung serialisierter Daten Schadcode ausgeführt werden?

In Python sind die folgenden zwei Methoden zur Serialisierung am gebräuchlichsten: `Pickle` und `JSON`. Beide werden im Folgenden vorgestellt.

9.1.2 Serialisierung mit JSON

JSON steht für *JavaScript Object Notation* (zu Deutsch: JavaScript-Objektnotation). Wie der Name bereits vermuten lässt ist JSON keine Python-Datenstruktur, sondern kommt von JavaScript. Damit liegt ein Vorteil bereits nahe: JSON wird nicht nur in Python verwendet. Dadurch können beispielsweise mit JavaScript generierte Daten in Python weiterverarbeitet werden.

Ein weiterer großer Vorteil von `JSON` ist das Format der gespeicherten Daten. Es ist relativ einfach lesbar; Daten im JSON-Format wie beispielsweise Konfigurationsdateien können bei Bedarf auch im Texteditor angepasst werden. Dabei ist aber der Nachteil, dass JSON nur einfache Python-Datentypen unterstützt. Dies hat jedoch den Vorteil, dass beim Laden von JSON-kodierten Dateien kein Schadcode ausgeführt werden kann! Zusätzlich ist JSON, aufgrund der Beschränkung auf simple Datentypen, effizienter als andere Serialisierungsmethoden in Bezug auf die Laufzeit.
Die Serialisierung mit JSON in Python ist dank des Moduls `json` einfach in der Anwendung.
`json` wird wie folgt importiert:

```
import json
```

Das Modul `json` stellt unter anderem die Methode `.dumps` zur Verfügung, mit der die Python-Datentypen Dictionary, Liste, Tupel, String, Integer, Float und Boolean in das JSON-Format konvertiert werden können:

```
als_json = json.dumps(['string',
{'schluessel': (True, None, 1.0, 2)}])

print(als_json)
```

```
["string", {"schluessel": [true, null, 1.0, 2]}]
```

Dabei ist der Unterschied zwischen Python- und JSON-Datentypen anscheinend minimal: im Beispiel wurde das Tupel mit dem Schlüssel `"schluessel"` in eine Liste und `None` sowie `True` in ihre JavaScript-Pendants `null` respektive `true` konvertiert. Auch in JSON können Datentypen beliebig geschachtelt werden.
Die Deserialisierung zurück in Python-Datentypen erfolgt mit der Methode `.loads`:

```
als_python = json.loads('["string",
{"schluessel": [true, null, 1.0, 2]}]')

print(als_python)
```

```
['string', {'schluessel': [True, None, 1.0, 2]}]
```

`null` wurde dabei wieder in `None` zurückkonvertiert.

`.dumps` und `.loads` Serialisieren und Deserialisieren im Stringformat. Die Ergebnisse könnten dann mit `open`, `.write` und `.read` wie andere Strings in Dateien gespeichert und wieder ausgelesen werden. Allerdings verfügt das Modul `json` auch über die Methoden `.dump` und `.load`, mit denen die serialisierten Dateien direkt in einer Datei abgelegt beziehungsweise direkt aus einer Datei deserialisiert werden. Dazu wird den entsprechenden Methoden ein Filehandler übergeben:

```
with open("test.json", 'w') as f:
    json.dump(['string', {'schluessel':
    (True, None, 1.0, 2)}], f)
```

Inhalt von *test.json*:

```
["string", {"schluessel": [true, null, 1.0, 2]}]
```

Dementsprechend die Deserialisierung in Python-Datentypen:

```
with open("test.json", 'r') as f:
    als_python = json.load(f)

    print(als_python)
```

```
['string', {'schluessel': [True, None, 1.0, 2]}]
```

Die Verwendung der Dateiendung *.json* ist optional, eine beliebige Dateiendung wäre möglich; jedoch ist *.json* Konvention und damit stark anzuraten.

9.2.2 Serialisierung mit Pickle

Das Modul `pickle` (Deutsch: einlegen) stellt eine speziell für Python entwickelte Methode für die Serialisierung beliebiger Datentypen und sogar eigener Klassen und ihrer Instanzen bereit.
Dabei besteht der Nachteil, dass die Serialisierung mit `pickle` wesentlich langsamer als die Serialisierung mit `json` ist. Damit eine gute Effizienz bei der Verarbeitung großer Datenmengen erreicht wird, werden die Daten in einem stark komprimierten und daher für Anwender schwer bis nicht interpretierbarem Dateiformat gespeichert, im Gegensatz zu `json`.
Achtung: Leider ist es möglich, mit geschickt konstruiertem Pickle-Maschinencode beliebige und gegebenenfalls gefährliche Python-Anweisungen bei der Deserialisierung auszuführen. Daher dürfen mit Pickle serialisierte Daten nur von vertrauenswürdigen Quellen angenommen werden!

Zuerst muss, wie gewohnt, das Modul importiert werden:

```
import pickle
```

Sympathischerweise ist die Syntax für die Serialisierung mit `pickle` analog zur Serialisierung mit `json`, hier gezeigt für `.dump` und `.load`:

```
with open("pickletest", 'wb') as f:
    pickle.dump(['string', {'schluessel': (True, None, 1.0, 2)}], f)

with open("pickletest", 'rb') as f:
    deserialisiert = pickle.load(f)
    print(deserialisiert)
```

```
['string', {'schluessel': (True, None, 1.0, 2)}]
```

Hinweis: `pickle.dump` erzeugt binärcodierte Daten. Daher muss beim Schreiben der Modus `'wb'` und beim Lesen `'rb'` als Parameter an `open` übergeben werden. Außerdem haben Binärdateien im Allgemeinen keine Dateiendung. Die mit `.dump` erzeugte Datei ist für Anwender nicht lesbar.

Die Methoden `.dumps` und `.loads` werden von `pickle` zur Verfügung gestellt und ebenso wie die entsprechenden Methoden des Moduls `json` angewendet.

Wie erwähnt können auch Instanzen eigener Klassen mit `pickle` serialisiert werden. Zur Demonstration hier eine einfache Beispielklasse:

```
class Beispiel:
    def __init__(self, parameter):
        self.parameter = parameter


beispiel = Beispiel(5)
```

Die Instanz `beispiel` kann jetzt folgendermaßen serialisiert und deserialisiert werden:

```
with open("pickletest", 'wb') as f:
    pickle.dump(beispiel, f)

with open("pickletest", 'rb') as f:
    deserialisiert = pickle.load(f)

    print(type(deserialisiert))
    print(deserialisiert.parameter)
```

```
<class '__main__.Beispiel'>
5
```

Hinweis: Alle Klassen, von denen Instanzen aus der Pickle-Datei deserialisiert werden sollen, müssen im Programm definiert sein. Sonst wird eine Exception ausgelöst, da `pickle` nicht weiß, wie die Daten deserialisiert werden sollen:

```
AttributeError: Can't get attribute 'Beispiel'
on <module '__main__' from 'book_code.py'>
```

Ob `json` oder `pickle` für die Serialisierung verwendet werden sollte ist abhängig vom Anwendungsfall. Für die meisten Anwendungen reicht es aus, mit dem Modul `json` einfache Datentypen zu serialisieren. Der Einsatz von `pickle` ist nur dann zu empfehlen, wenn die Serialisierung der Instanzen eigener Klassen zwingend erforderlich ist.

Übungsaufgaben
Materialien zum Buch

Die Materialien zum Buch sowie Videos mit Hilfen zur Installation können Sie unter der Adresse
https://akademie.datamics.com/python-buchmaterialien/
oder mit folgendem QR-Code erreichen:

10 Fortgeschrittenes Python

"The first 90% of the code accounts for the first 90% of the development time. The remaining 10% of the code accounts for the other 90% of the development time."

– Tom Cargill

Nachdem in diesem Buch bereits eine Vielzahl fundamentaler Konzepte der Programmierung mit Python behandelt wurden, ist es der Fokus dieses Kapitels, einige anspruchsvollere Programmierkonstrukte vorzustellen. Viele der hier betrachteten Konstrukte sind in der Programmierpraxis nicht zwingend erforderlich; sie helfen aber dabei, ein Programm sowohl kurz als auch verständlich zu halten.
Beispielsweise kann mit dem in diesem Kapitel gezeigtem ternären Operator ein `if`-Block in einer einzigen Zeile ausgedrückt werden. Ebenfalls sehr praktisch ist die Listenabstraktion (Englisch *list comprehension*), mit deren Hilfe komplexe Listen ohne äußerer `for`-Schleife generiert werden können.
Weitere wichtige Inhalte dieses Abschnitts sind die Annahme von Benutzereingaben, die Evaluierung einer Reihe logischer Ausdrücke mit `all` und `any` die Funktionen `map`, `filter` und `reduce`, welche die Anwendung von Funktionen auf mehrere Objekte vereinfachen.
Zunächst werden jedoch die fundamentalen Datenstrukturen *Iteratoren* und *Generatoren* erklärt, die dabei helfen, speichereffizient zu programmieren.

10.1 Iteratoren und Generatoren

Moderne Software ist in der Lage, enorme Datenmengen in kürzester Zeit zu verarbeiten. Trotz der beeindruckenden Leistung der aktuellen Generation von Prozessoren, Arbeitsspeicher und Festplatten ist es von höchster Bedeutung, Programme mit maximaler Effizienz zu entwickeln oder zumindest einen guten Kompromiss zwischen Effizienz und Wartbarkeit zu erreichen.
Ein Ansatz zu diesem Zweck ist die speichereffiziente Programmierung. Dabei werden nicht alle Zwischenergebnisse von komplexen Berechnungen im Arbeitsspeicher permanent bereitgehalten, sondern nur in dem Moment angefordert, wenn sie weiterverarbeitet werden sollen, wie auch in Abbildung 10.1 gezeigt. Dadurch bleibt mehr Arbeitsspeicher frei und der mögliche Datendurchsatz ist höher.

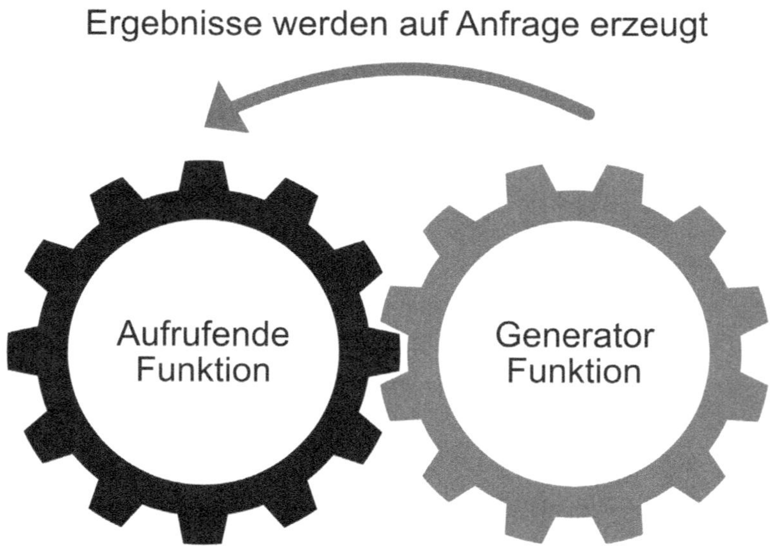

Abbildung 10.1: Eine Generatorfunktion erzeugt Ergebnisse immer erst, wenn sie von der aufrufenden Funktion angefordert werden.

In Python wird dies mit den fortgeschrittenen Datenstrukturen Iteratoren und Generatoren erreicht. Ein Iterator ist eine Instanz einer Klasse, welche das Iterationsprotokoll von Python unterstützt, indem sie die beiden Methoden `__next__` für die Iteration zum nächsten Objekt und `__iter__` als Selbstreferenz bereitstellt. Unter anderen sind Listen, Tupel und Strings Iteratoren; falls erforderlich kann auch ein eigener, den Anforderungen entsprechender Iterator implementiert werden.
Ein Generator (oder auch *Generatorfunktion*) ist hingegen ein spezieller Typ eines Iterators zur Programmierung speichereffizienter Funktionen. Generatoren werden von fortgeschrittenen Programmierern häufig eingesetzt; die Implementierung eigener Iteratoren ist aber nur in seltenen Fällen erforderlich.
Es ist sehr einfach, eine Funktion speichereffizient als Generator zu implementieren – Ergebnisse werden mit `yield` schrittweise erzeugt und nicht erst vollständig berechnet und mit `return` zurückgegeben. Das Anhalten einer Generatorfunktion nach jedem Berechnungsschritt mit klar definiertem inneren Zustand wird *state suspension* (Deutsch: Zustandssperrung) genannt.
Programmiereinsteiger werden in den meisten Fällen erst nach einiger Zeit mit Iteratoren und Generatoren in engeren Kontakt kommen. Da Iteratoren jedoch ein fundamentales Konzept der Programmiersprache Python darstellen und ein besseres Verständnis von Python ermöglichen, ist es wichtig, an dieser Stelle zumindest die wichtigsten Grundlagen vorzustellen.

Zur Demonstration zuerst eine einfache Funktion zur Berechnung des Rauminhaltes wie bekannt mit `return`:

```
def rauminhalt(grenze): ergebnis = []
    for zahl in range(grenze): ergebnis.
    append(zahl**3)
        return ergebnis

print(rauminhalt(4))
```

```
[0, 1, 8, 27]
```

Dieselbe Funktion als Generator mit `yield`:

```
def gen_rauminhalt(grenze):

    for num in range(grenze):
        yield num**3
```

Folgenderweise werden die Ergebnisse der Generatorfunktion sukzessive in einer `for`-Schleife erzeugt:

```
ergebnis = []

for wert in gen_rauminhalt(4):
    ergebnis.append(wert)

print(ergebnis)
```

```
[0, 1, 8, 27]
```

Alternativ kann das Ergebnis einer Generatorfunktion mit `list` in eine Liste konvertiert werden:

```
print(list(gen_rauminhalt(4)))
```

```
[0, 1, 8, 27]
```

Allerdings ist die gezeigte Generatorfunktion nicht sinnvoll: wenn es das Ziel der Funktion ist, alle Rauminhalte bis zur übergebenen Obergrenze in einer Liste zu speichern, dann ist dafür kein Generator erforderlich.

Ein realistisches Einsatzgebiet für einen Generator ist zum Beispiel ein Zufallszahlengenerator, der die nächste Zufallszahl erst berechnet, wenn sie angefordert wird, anstatt eine große Anzahl von Zufallszahlen im Arbeitsspeicher zu halten.

Ein spannenderes Beispiel zur Demonstration der Vorteile von Generatorfunktionen ist die Berechnung der Fibonacci-Folge. Die Fibonacci-Folge ist eine Sequenz von Zahlen, bei der die Addition der beiden vorherigen Werte den aktuellen Wert ergibt, beginnend mit zweimal **1**. Als Generator sieht die Funktion wie folgt aus:

```
def gen_fibonacci(grenze):
    a, b = 1, 1

    for i in range(grenze):
        yield a
        a, b = b, a + b

for zahl in gen_fibonacci(6):
    print(zahl)
```

```
1
1
2
3
5
8
```

Im Gegensatz dazu hier eine klassische Funktion zur Berechnung der Fibonacci-Folge:

```
def fibonacci(grenze):
    a, b = 1, 1

    ergebnis = []

    for i in range(grenze):
        ergebnis.append(a)
        a, b = b, a + b

    return ergebnis

print(fibonacci(6))
```

```
[1, 1, 2, 3, 5, 8]
```

Beim Aufruf von `fibonacci` mit einem hohen Grenzwert wie **1000000** statt **6** wird der Arbeitsspeicher geflutet und die Berechnung abgebrochen oder stark verlangsamt. `gen_fibonacci` hingegen läuft auch bei großen Grenzwerten effizient und stabil; lediglich die aktuellen Werte der Variablen `a` und `b` werden im Speicher abgelegt.
Generatoren sollten im Hinterkopf behalten werden, für den Fall, dass arbeitsspeicherintensive Prozesse implementiert werden sollen. Es spricht auch nichts dagegen, statt klassischen Funktionen immer Generatorfunktionen einzusetzen.

10.2 Ternäre Operatoren

Ternäre Operatoren gehören zu einer Klasse von Programmierkonstrukten, die als *syntaktischer Zucker* bezeichnet werden. Syntaktischer Zucker erfüllt Aufgaben, die prinzipiell auch von anderen Programm-

konstrukten erfüllt werden können, aber in einer eleganteren und besser lesbaren Weise.
Hier ein Beispiel für einen einfachen, ternären Operator:

```
enthaelt_b = "Ja" if 'b' in ['a', 'x', 'c'] else "Nein"

print("Enthält die Liste 'b'? ", enthaelt_b)
```

```
Enthält die Liste 'b'?  Nein
```

Der obige ternäre Operator entspricht dem folgenden `if`-Block:

```
enthaelt_b = "Nein"

if 'b' in ['a', 'x', 'c']:
    enthaelt_b = "Ja"

print("Enthält die Liste 'b'? ", enthaelt_b)
```

```
Enthält die Liste 'b'?  Nein
```

Die Verwendung eines ternären Operators stattdessen erspart ganze drei Zeilen!
Damit der Programmcode gut verständlich bleibt, sollten ternäre Operatoren nicht mehrere Zeilen in Anspruch nehmen. Bei der Auswertung komplexer Konditionen ist es allgemein am besten, diese in mehreren Schritten vorzunehmen anstatt mit einem einzigen, schwer lesbaren Ausdruck.

10.3 Listenabstraktion

Auch Listenabstraktion ist eine Form von syntaktischem Zucker. Sie erlaubt es, die Generierung von Listen prägnant zu formulieren. Dabei wird in eckigen Klammern üblicherweise eine minimalisierte `for`-Schleife mit einem `if`-Block kombiniert.
Zur Demonstration hier eine Listenabstraktion zur Erzeugung einer Liste mit allen durch **4** und **7** teilbaren Zahlen unter **100**:

```
liste = [zahl for zahl in range(100) if
zahl % 4 == 0 and zahl % 7 == 0]

print(liste)
```

```
[0, 28, 56, 84]
```

Die gezeigte Listenabstraktion entspricht dieser `for`-Schleife:

```
liste = []

for zahl in range(100):
    if zahl % 4 == 0 and zahl % 7 == 0:
        liste.append(zahl)

print(liste)
```

```
[0, 28, 56, 84]
```

Dank Listenabstraktion konnte die Liste mit einer einzigen Zeile Code generiert werden, im Gegensatz zur Lösung mit einer `for`-Schleife, welche ganze fünf Zeilen benötigt.

Eine Listenabstraktion kann auch geschachtelt werden:

```
[(x, y) for x in [1,2,3] for y in [3,1,4]
if x != y]
```

```
[(1, 3), (1, 4), (2, 3), (2, 1), (2, 4), (3, 1),
(3, 4)]
```

Hinweis: Hierbei gilt natürlich wieder, dass Listenabstraktionen mit Bedacht eingesetzt werden sollten – eine komplexe Listenabstraktion ist schwierig zu verstehen!

Die konsequente Anwendung von Listenabstraktion zum Erzeugen einfacher Listen hilft dabei, ein Programm kurz und gut verständlich zu halten.

10.4 Dictionaryabstraktion

Auch Dictionaries können, wie im Folgenden gezeigt, mittels einer prägnanteren Abstraktionssyntax erzeugt werden:

```
dictionary = {n: n**2 for n in range(5)}

print(dictionary)
```

```
{0: 0, 1: 1, 2: 4, 3: 9, 4: 16}
```

Dem entspricht diese `for`-Schleife:

```
dictionary = {}

for n in range(5):
    dictionary[n] = n**2

print(dictionary)
```

```
{0: 0, 1: 1, 2: 4, 3: 9, 4: 16}
```

Wiederum wurden zwei Zeilen Programmcode gespart!
Die Dictionaryabstraktion wird in der Praxis wesentlich seltener gebraucht als die Listenabstraktion. Listen sind einfache Aneinanderreihungen von Elementen, Dictionaries hingegen assoziative Schlüssel-Wert-Paare. Die Erzeugung eines Dictionaries ist daher allgemein anspruchsvoller und häufig zu komplex, um mit einer einzeiligen Dictionaryabstraktion vorgenommen zu werden.

10.5 Wichtige Funktionen

Viele zentrale Grundfunktionen von Python wurden in früheren Kapiteln beschrieben; weitere fundamentale Funktionen werden in diesem Abschnitt vorgestellt.
Der Funktionsumfang der mittlerweile lange erwachsenen Programmiersprache Python ist enorm – angehenden Python-Programmierern ist ein gründliches Studium der in Python fest eingebauten Funktionen (Englisch *built-ins*) und der Standardbibliothek anzuraten.

10.5.1 *input*

Zwar verfügen nahezu alle modernen Programme über eine graphische Benutzeroberfläche (*GUI*, Graphical User Interface); Terminal-basierte Nutzerschnittstellen sind aber nach wie vor gebräuchlich bei kleineren Hilfsprogrammen oder auch Installationsassistenten.
Mit der Funktion `input` werden Terminaleingaben des Anwenders angefordert. Die allgemeine Syntax ist folgendermaßen:

```
eingabe = input("TEXT")
```

Hinweis: Ein Python-Skript, das auf die Terminalangabe eines Anwenders wartet, kann mit `STRG+c` unterbrochen werden!

An `input` wird ein beschreibender Text als Parameter übergeben, zum Beispiel eine Aufforderung zur Eingabe eines Integerwertes:

```
eingabe = input("Geben Sie bitte eine Ganzzahl ein: ")

print(eingabe)
```

Beispielausgabe:

```
Geben Sie bitte eine Ganzzahl ein: -45
-45
```

Hinweis: `input` gibt als Ergebnis immer einen String zurück, welcher dann in den gewünschten Datentyp konvertiert werden muss!

Um sicherzustellen, dass die Eingabe des Anwenders der Anforderung entspricht wird üblicherweise eine endlose `while`-Schleife mit einem `try`-Block kombiniert:

```
while True:
    eingabe = input("Geben Sie bitte eine Ganzzahl ein: ")

    try:
        eingabe = int(eingabe)
        break
    except:
        print("Ungültige Eingabe!")

print("Diese Integer wurde eingegeben: ", eingabe)
```

```
Geben Sie bitte eine Ganzzahl ein: a
Ungültige Eingabe!
Geben Sie bitte eine Ganzzahl ein: 5
Diese Integer wurde eingegeben:  5
```

Die Schleife wird erst per `break` verlassen, wenn der Anwender einen gültigen Integerwert eingegeben hat.

Dabei können natürlich auch komplexere Anforderungen überprüft werden. Würde zum Beispiel die Eingabe eines Integerwertes größer als **–5**, aber kleiner als **100** erwartet, dann ist zuerst die Konvertierung in Integer und anschließend die Validierung des Wertes vorzunehmen:

```
while True:
    eingabe = input("Geben Sie bitte eine Ganzzahl größer -5, aber kleiner als 100 ein: ")

    try:
        eingabe = int(eingabe)

        if eingabe > -5 and eingabe < 100:
            break
        else:
            print("Ihre Eingabe ist zu niedrig oder zu hoch!")
    except:
        print("Ungültige Eingabe!")

print("Diese Integer wurde eingegeben: ", eingabe)
```

Beispielausgabe:

```
Geben Sie bitte eine Ganzzahl größer -5, aber
kleiner als 100 ein: -6
Ihre Eingabe ist zu niedrig oder zu hoch!
Geben Sie bitte eine Ganzzahl größer -5, aber
kleiner als 100 ein: 100
Ihre Eingabe ist zu niedrig oder zu hoch!
Geben Sie bitte eine Ganzzahl größer -5, aber
kleiner als 100 ein: 5
Diese Integer wurde eingegeben:  5
```

Erst bei der letzten Eingabe wurde ein passender Integerwert eingegeben und die Schleife beendet!

10.5.2 *map*

Mit `map` kann eine Funktion sequentiell auf eine oder mehrere Iteratoren angewendet werden, siehe dazu auch Abbildung 10.2. Dabei gibt `map` als Ergebnis einen Iterator zurück, der wie bekannt für die Ausgabe mit `print` zuerst in eine Liste konvertiert werden muss.

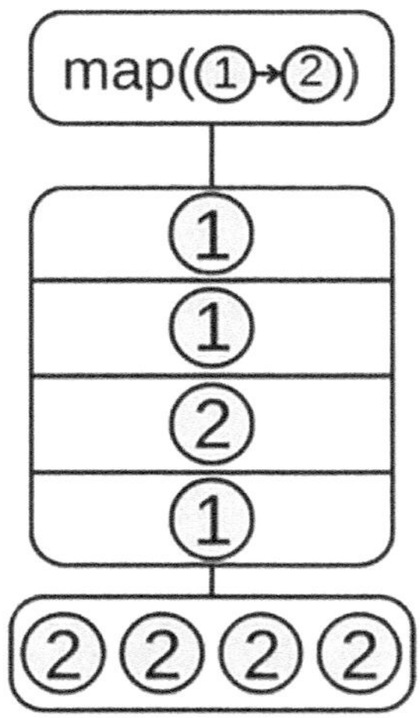

Abbildung 10.2: Mit `map` *wird eine Funktion auf eine Reihe von Elementen angewendet.*

Als Beispiel definieren wir eine Funktion zur Umrechnung von Grad Celsius in Fahrenheit:

```
def fahrenheit(celsius):
    return (9/5) * celsius + 32
```

Folgendermaßen wird diese Funktion mit `map` auf eine Liste von Zahlen angewendet:

```
celsius = [0, 22.5, 40, 100]

ergebnis = map(fahrenheit, celsius)

print(list(ergebnis))
```

```
[32.0, 72.5, 104.0, 212.0]
```

Dies entspricht der folgenden `for`-Schleife:

```
celsius = [0, 22.5, 40, 100]
ergebnis = []

for wert in celsius:
    ergebnis.append(fahrenheit(wert))

print(ergebnis)
```

```
[32.0, 72.5, 104.0, 212.0]
```

Die Verwendung von `map` spart nicht nur Codezeilen, sondern ist als Iterator auch speichereffizient. `map` kann eine beliebige Anzahl von Iteratoren annehmen; die Iteratoren müssen nur alle gleich lang sein und ihre Anzahl der Anzahl der Eingabeparameter der übergebenen Funktion entsprechen:

```
a = ["a", "b", "c"]
b = ["d", "e", "g"]
c = ["h", "i", "j"]

ergebnis = list(map(lambda x, y, z: x + y + z, a, b, c))

print(ergebnis)
```

```
['adh', 'bei', 'cgj']
```

10.5.3 *reduce*

Die Funktion `reduce` (Deutsch *reduzieren*) ähnelt `map`, wendet aber die übergebene Funktion nacheinander auf alle Elemente eines Iterators an und reicht dabei immer das aktuelle Ergebnis weiter für die Anwendung der Funktion auf das nächste Element. Dies wird auch in Abbildung 10.3 gezeigt am Beispiel einer einfachen, mithilfe von `reduce` implementierten Addition.

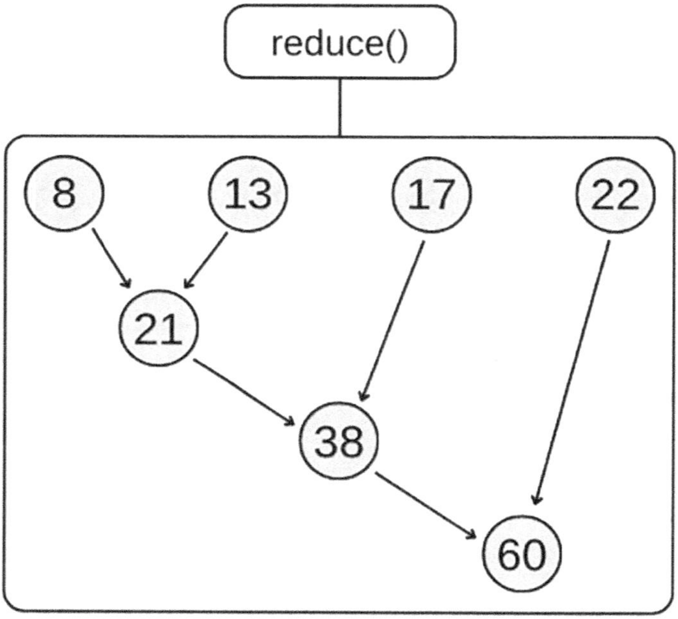

Abbildung 10.3: Wie `map` führt auch `reduce` eine Funktion für eine Reihe von Elementen aus. Im Gegensatz zu `map` ist jedoch ein Eingabeparameter dieser Funktion bei `reduce` der Ausgabeparameter des vorherigen Funktionsaufrufes. Hier dient eine einfache Addition zu Demonstration von `reduce`.

Formal sieht das folgendermaßen aus:

```
reduce(funktion, [s1, s2, s3,...])
<=> funktion(s1, reduce(funktion, [s2,
s3,...]))
```

`reduce` muss im Gegensatz zu `map` zuerst aus der Standardbibliothek importiert werden:

```
from functools import reduce
```

Eine einfache Reimplementierung von Pythons Summenfunktion `sum` mit `reduce` kann dann wie hier gezeigt erfolgen:

```
liste = [47, 11, 42, 13]

print(reduce(lambda x, y: x+y, liste))
```

```
113
```

Auch `reduce` ist syntaktischer Zucker. Eine äquivalente, wesentlich weniger elegante `for`-Schleife ist hier gezeigt:

```
liste = [47, 11, 42, 13]
ergebnis = 0

addieren = lambda x, y: x+y

for zahl in liste:
    ergebnis = addieren(ergebnis, zahl)

print(ergebnis)
```

```
113
```

10.5.4 *filter*

`filter` ist eine weitere praktische Funktion zur Verbesserung der Lesbarkeit von Python-Code. Dabei führt `filter` eine Funktion auf alle Elemente eines Iterators aus und gibt diejenigen Elemente zurück, für welche die Funktion den Wert `True` zurückgibt (siehe dazu Abbildung 10.4).

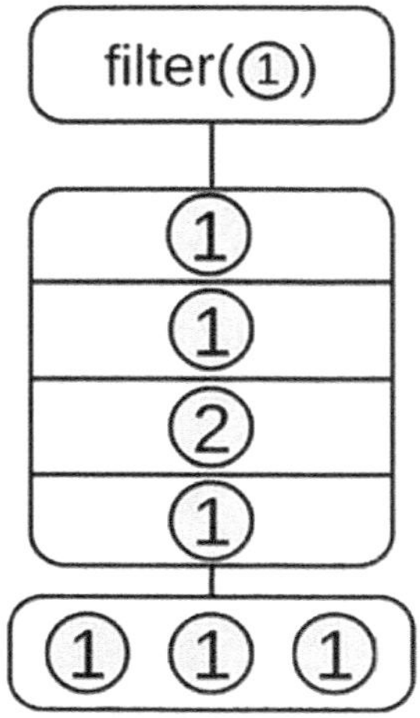

Abbildung 10.4: Mit `filter` *werden alle Elemente ermittelt, die einer Filterfunktion entsprechen.*

Das Ergebnis von `filter` ist wiederum ein Iterator, welcher zur Ausgabe mit `print`, wie bekannt, erst in eine Liste konvertiert werden muss.

Ein Beispiel-Anwendungsfall von `filter` ist die Auswahl aller Elemente einer Liste, die einen bestimmten Datentyp haben, also beispielsweise alle Strings und Integers:

```
def str_oder_int(variable):

    if type(variable) in [str, int]:
        return True

    return False
```

Obige Funktion wird wie folgt mit `filter` auf eine Liste angewendet:

```
liste = ["a", True, -12, 1.1, None, "b"]

print(list(filter(str_oder_int, liste)))
```

```
['a', -12, 'b']
```

Zum Vergleich selbige Funktionalität mit einer `for`-Schleife:

```
liste = ["a", True, -12, 1.1, None, "b"]
ergebnis = []

for element in liste:
    if str_oder_int(element):
        ergebnis.append(element)

print(ergebnis)
```

```
['a', -12, 'b']
```

`filter` ist eine elegante, platzsparende und speichereffiziente Lösung zum Filtern eines Iterators.

Häufig wird `filter` in Kombination mit einem Lambda-Ausdruck eingesetzt, falls ein solcher ausreicht, um das gewünschte Filterverhalten zu definieren. Ein Beispiel hierzu ist das Herausfiltern aller gerader Zahlen:

```
zahlen = [1, 3, 2, 100, 5, 6, 4]

print(list(filter(lambda x: x % 2 == 0,
zahlen)))
```

```
[2, 100, 6, 4]
```

10.5.5 *dir*

Eine weitere, insbesondere für Einsteiger wichtige Funktion ist `dir`. `dir` gibt alle Attribute und Methoden eines beliebigen Objekts in Python aus, wie hier gezeigt für die Klasse `str`:

```
print(dir(str))
```

```
['__add__', '__class__', '__contains__', '__
delattr__', '__dir__', '__doc__', '__eq__',
'__format__', '__ge__', '__getattribute__',
'__getitem__', '__getnewargs__', '__gt__',
'__hash__', '__init__', '__init_subclass__',
'__iter__', '__le__', '__len__', '__lt__',
'__mod__', '__mul__', '__ne__', '__new__',
'__reduce__', '__reduce_ex__', '__repr__',
'__rmod__', '__rmul__', '__setattr__', '__
sizeof__', '__str__', '__subclasshook__',
'capitalize', 'casefold', 'center', 'count',
'encode', 'endswith', 'expandtabs', 'find',
'format', 'format_map', 'index', 'isalnum',
'isalpha', 'isascii', 'isdecimal', 'isdigit',
'isidentifier', 'islower', 'isnumeric',
'isprintable', 'isspace', 'istitle', 'isupper',
'join', 'ljust', 'lower', 'lstrip', 'maketrans',
'partition', 'replace', 'rfind', 'rindex',
'rjust', 'rpartition', 'rsplit', 'rstrip',
'split', 'splitlines', 'startswith', 'strip',
'swapcase', 'title', 'translate', 'upper', 'zfill']
```

Neben den bereits vorgestellten Stringmethoden `.join` und `.split` werden unter anderem `.count` zum Bestimmen der Häufigkeit einer Zeichenfolge im String und `.isdigit`, welche `True` zurückgibt, wenn der String nur aus Ziffern besteht, angezeigt.
Die mit __ markierten Methoden und Attribute sind *private* Methoden. Diese sollen nur von Instanzen selbst und nicht von außerhalb angesprochen werden. Da Python aber eine äußerst flexible Programmiersprache ist, kann auch auf private Methoden zugegriffen werden

– die Unterscheidung `private` (privat) und `public` (öffentlich) ist in Python rein semantisch, im Gegensatz zu anderen Programmiersprachen wie Java.

`dir` kann natürlich auch auf eigene Objekte angewendet werden:

```
class Test:
    a = 10

    def methode(self, parameter):
        print(parameter)

print(dir(Test))
```

```
['__class__', '__delattr__', '__dict__', '__
dir__', '__doc__', '__eq__', '__format__', '__
ge__', '__getattribute__', '__gt__', '__hash__',
'__init__', '__init_subclass__', '__le__',
'__lt__', '__module__', '__ne__', '__new__',
'__reduce__', '__reduce_ex__', '__repr__',
'__setattr__', '__sizeof__', '__str__', '__
subclasshook__', '__weakref__', 'a', 'methode']
```

Sowohl das Attribut `a` als die Methode `.methode` sind in der Ausgabe enthalten. Die anderen aufgeführten Attribute und Methoden sind Python-intern und privat, wie es an den doppelten Unterstrichen zu erkennen ist.

Besonders praktisch ist die Verwendung von `dir` in Kombination mit der bereits vorgestellten Funktion `help` zur Ausgabe des Hilfstextes der gefundenen Methoden. Auf diese Weise werden zuerst interessante Methoden oder Attribute identifiziert und dann deren Dokumentation angezeigt, ohne dass extra in anderen Quellen danach gesucht werden muss.

10.5.6 *zip*

`zip` nimmt eine beliebige Anzahl von Iteratoren an und gibt einen Iterator zurück, der alle Elemente mit gleichem Index in Tupeln zusammenfasst. Die Arbeitsweise von `zip` ist in Abbildung 10.5 visualisiert.

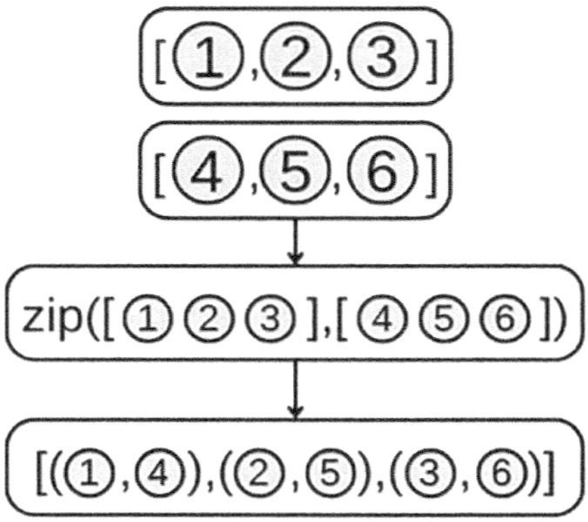

Abbildung 10.5: Die Funktion `zip` entnimmt sukzessive Elemente aus allen Iteratoren und bündelt sie in Tupeln.

Das entspricht einer Invertierung der übergebenen Iteratoren. Werden **n** Iteratoren der Länge **m** an `zip` übergeben, dann gibt `zip` **m** Tupel der Länge **n** zurück. Dazu ein Beispiel:

```
liste1 = [1, 2, 3]
liste2 = ["a", "b", "c"]

print(list(zip(liste1, liste2)))
```

```
[(1, 'a'), (2, 'b'), (3, 'c')]
```

Aus **2** Eingabelisten mit einer Länge von jeweils **3** wurden **3** Ergebnistupel mit einer Länge von **2**, wobei jedes Ergebnistupel je einen Wert aus beiden Eingabelisten enthält.

Auch `zip` kann durch eine äquivalente `for`-Schleife ersetzt werden:

```
liste1 = [1, 2, 3]
liste2 = ["a", "b", "c"]

ergebnis = []

for i in range(len(liste1)):
    ergebnis.append((liste1[i], liste2[i]))

print(ergebnis)
```

```
[(1, 'a'), (2, 'b'), (3, 'c')]
```

Die Lösung mit einer `for`-Schleife ist wesentlich länger und weniger elegant als die Verwendung von `zip`!

Achtung: Iteratoren mit unterschiedlich vielen Elementen verursachen keine Exception – die Anzahl der Ergebnistupel entspricht der Länge des kürzesten Eingabeiterators! Da `liste1` eine Länge von **2** hat, werden in diesem Beispiel nur zwei Tupel erzeugt:

```
liste1 = [1, 2]
liste2 = ["a", "b", "c"]

print(list(zip(liste1, liste2)))
```

```
[(1, 'a'), (2, 'b')]
```

Dies ist eine häufige Fehlerquelle im Umgang mit `zip`.

10.5.7 *all* und *any*

Die Funktionen `all` (Deutsch *alle*) und `any` (Deutsch *irgendein*) erlauben es, eine beliebige Anzahl logischer Ausdrücke in einem einzigen Schritt zu evaluieren. Wie in Abbildung 10.6 gezeigt gibt `all` genau dann `True` zurück, wenn alle Objekte im als Parameter übergebenen Iterator den Wert `True` haben:

```
print(all([1 == 1, len([]) == 0, 1 != 2,
"all" in "hallo"]))
print(all([1 == 1, len([]) == 0, 1 != 2,
"all" in "hallo", 1 > 2]))
```

```
True
False
```

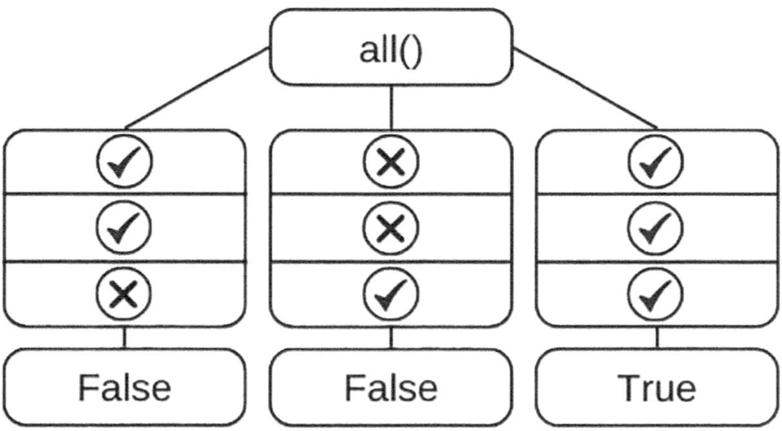

Abbildung 10.6: `all` *gibt* `True` *zurück, wenn alle Elemente den Wert* `True` *haben.*

Auch `all` könnte, wiederum weniger elegant, mit einer `for`-Schleife implementiert werden:

```
konditionen = [1 == 1, len([]) == 0, 1 !=
2, "all" in "hallo"]
ergebnis = True

for kondition in konditionen:
    if kondition is False:
        ergebnis = False
        break

print("Alle Konditionen erfüllt? ", ergebnis)
```

```
Alle Konditionen erfüllt?  True
```

`any` hingegen gibt `True` zurück, wenn mindestens eine Kondition im Iterator erfüllt ist:

```
print(any([False, True, False]))
print(any([False, False, False]))
```

```
True
False
```

Dies ist auch ein Abbildung 10.7 dargestellt.

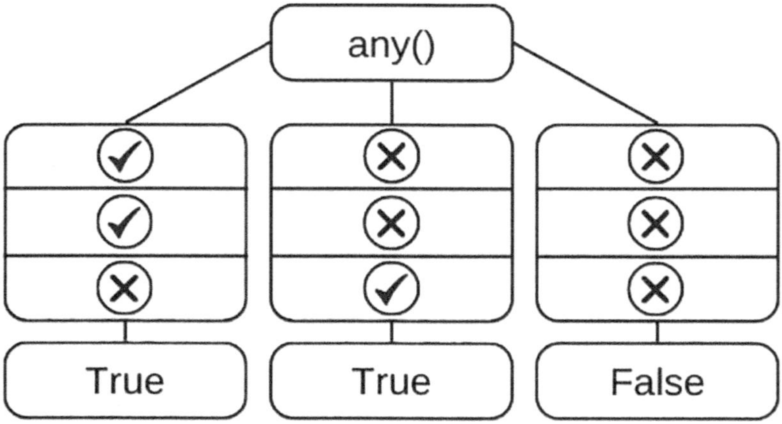

Abbildung 10.7: `any` *gibt* `True` *zurück, wenn mindestens ein Element den Wert* `True` *hat.*

Eine zu `any` äquivalente `for`-Schleife ähnelt der entsprechenden `for`-Schleife für `all` stark; lediglich die booleschen Werte müssen vertauscht werden:

```
konditionen = [False, True, False]
ergebnis = False

for kondition in konditionen:
    if kondition is True:
        ergebnis = True
        break

print("Mindestens eine Kondition erfüllt?
", ergebnis)
```

```
True
```

Die Negation von `all` mit `not` ist nur dann wahr, wenn alle Ausdrücke im Iterator `False` sind:

```
print(not all([True, True, True]))
print(not all([False, False, False]))
```

```
False
True
```

Dementsprechend ist die Negation von `any` genau dann erfüllt, wenn kein einziges Element des Iterators den Wert `True` hat:

```
print(not any([True, False, True]))
print(not any([False, False, False]))
```

```
True
False
```

10.5.8 *raise*

Bekanntermaßen teilt Python dem Programmierer (oder Anwender) durch Exceptions mit, wenn die Ausführung einer Anweisung nicht möglich ist – also Syntaxfehler in der Programmierung, unpassende Datentypen, abgebrochene Netzwerkverbindungen oder andere Fehler vorliegen, welche den Abbruch des Programmes erzwingen. Generell werden `try`-Blöcke eingesetzt, wenn die Fortführung des Programmes wichtiger ist als potentiell auftretende Fehler. Es ist aber auch eine Frage des Programmierstils: Eine Funktion kann im Falle eines Fehlers entweder ein alternatives Ergebnis zurückgeben oder eine Exception auslösen.

Hier als Beispiel eine Funktion, die `None` zurückgibt, wenn durch **0** geteilt wird:

```
def division(zahl):
    if zahl == 0:
        return None
    return 123.456 / zahl

print(division(3.21))
print("Division durch Null: ", division(0)
is None)
```

```
38.45981308411215
Division durch Null:  True
```

Stattdessen könnte eine Exception derselben Funktion mit einem äußeren `try`-Block gefangen werden:

```
def division(zahl):
    return 123.456 / zahl

try:
    print(division(0))
except ZeroDivisionError:
    print("Division durch Null!")
```

Es ist von den Vorlieben des Programmierers als auch von der spezifischen Aufgabenstellung abhängig, welche dieser Varianten vorzuziehen ist. Allgemein sollten Spezialfälle aber dort behandelt werden, wo sie auftreten.

Gelegentlich ist es nötig, selbst Exceptions auszulösen. Das ist beispielsweise dann angebracht, wenn eine Komponente eines Programmes weiterlaufen, aber die Exception trotzdem an übergeordnete Kontrollstrukturen weitergeben soll. Exceptions werden mit dem Schlüsselwort `raise` erzeugt, gefolgt von der Klasse der Exception:

```
raise Exception("Exception aufgetreten!")
print("Programm läuft?")
```

```
Exception: Exception aufgetreten!
```

Das `print`-Statement wurde nicht erreicht, das Programm wurde wie gewünscht durch die Exception abgebrochen. Im Beispiel wurde die Basisklasse aller Exceptions, `Exception`, verwendet. In der Praxis sollte die Klasse der Exception dem aufgetretenen Fehler entsprechen. Eine Aufstellung aller Klassen von Exceptions ist in der offiziellen Dokumentation[39] zu finden.

Als Beispiel-Anwendungsfall für die Verwendung von `raise` hier der sofortige Programmabbruch, wenn ein Speicher-Grenzwert unterschritten wird:

```
freier_speicher = 100000

if freier_speicher <= 200000:
    raise Exception("Zu wenig freier
    Speicher! Programm abgebrochen!")
```

```
Exception: Exception aufgetreten!
```

Generell wird `raise` oft verwendet um Aufräumarbeiten auszuführen, bevor ein Programm terminiert:

```
try:
    1 / 0
except:
    # Aufräumarbeiten, beispielsweise
    Datenbanken sicher schließen
    raise Exception("Schlechte
    Eingabedaten! Programm abgebrochen!")
```

[39] https://docs.python.org/3/library/exceptions.html

10.6 Dekoratoren

Dekoratoren sind Programmkonstrukte, welche die Funktionalität anderer Funktionen oder Klassen in einer vereinfachten, prägnanten Darstellung verändern und ergänzen. Die Verwendung von Dekoratoren ist für Programmiereinsteiger nicht einfach verständlich. Daher müssen zuerst einige Grundlagen wie Geltungsbereich sowie Verschachtelung von Funktionen erklärt werden.

10.6.1 Geltungsbereich von Variablen

Im Kapitel *Programmflusskontrolle* und in vielen Codebeispielen wurde gezeigt, dass in Python zusammenhängende Codeblöcke per Einrückung definiert werden. Die Separierung eines Programmes in Codeblöcke bestimmt den Geltungsbereich von Variablen. Haben zwei Variablen in verschiedenen Einrückungsebenen den gleichen Bezeichner, dann greift Python auf die in der Einrückung näheren Variable zu:

```
zahl = 1000
    def funktion():
        zahl = 1
        print(zahl)

funktion()
print(zahl)
```

```
1
1000
```

`print(zahl)` in `funktion` greift auf die nächstliegende Einrückungsebene, hier die gleiche Ebene, zu und gibt daher **1** als Wert für `zahl` aus. Der zweite Aufruf von `print(zahl)` nach dem Ausführen von `funktion` hingegen spricht die in derselben Ebene definierte Variable `zahl` mit dem Wert **1000** an. Abbildung 10.8 verdeutlicht das Thema Geltungsbereich noch einmal graphisch.

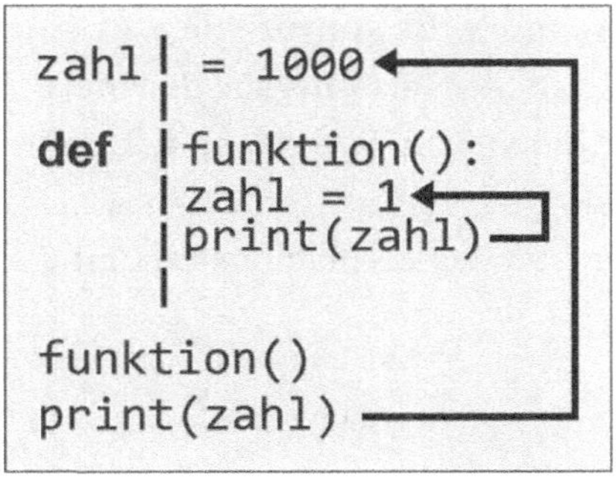

Abbildung 10.8: Der Geltungsbereich einer Variablen wird durch ihre Einrückungsebene bestimmt.

Es liegen zwei Variablen mit dem Bezeichner `zahl` vor, deren Geltungsbereiche durch Einrückung voneinander getrennt sind!
Soll von einer tieferen Einrückungsebene auf eine Variable der ersten Ebene zugegriffen werden, dann muss diese Variable mit dem Schlüsselwort `global` als globale Variable deklariert werden:

```
zahl = 1000

def funktion():
    global zahl

    zahl = 1 print(zahl)

funktion()
print(zahl)
```

```
1
1
```

Durch `global` weiß `funktion`, dass sich der Bezeichner `zahl` auf die erste Ebene bezieht und `zahl = 1` weist dieser Variablen einen neuen Wert zu, wodurch der Aufruf von `print(zahl)` nach der Ausführung von `funktion` als Ausgabe den Wert `1` hat.
Zwei Systemfunktionen von Python helfen beim Verständnis von Geltungsbereichen: `globals()` und `locals()`. Der Aufruf von `globals()` gibt alle Variablen im globalen Geltungsbereich aus:

```
zahl = 1000

print(globals())
```

```
{'__name__': '__main__', '__doc__': None, ...}
```

Dabei erfolgt die Ausgabe als Dictionary; die Variable `zahl` ist im Dictionary als Schlüssel-Wert-Paar enthalten:

```
zahl = 1000

globale_variablen = globals()

print("zahl" in globale_variablen)
print(globale_variablen["zahl"])
```

```
True
1000
```

Im Gegensatz dazu gibt `locals()` alle Variablen im lokalen Geltungsbereich zurück:

```
zahl = 1000

def funktion():
    nachricht = "Hallo Welt"
    print(locals())

funktion()
```

```
{'nachricht': 'Hallo Welt'}
```

Die Variable `zahl` liegt nicht im lokalen Geltungsbereich von `funktion` und ist daher nicht in `locals()` enthalten.

10.6.2 Funktionen sind Objekte

Alle Programmkonstrukte in Python sind letztendlich Objekte – auch Funktion. Funktionen können weiteren Bezeichnern zugewiesen und auch anderen Funktionen als Parameter übergeben werden.
Zum Vertiefen dieses Konzeptes hier eine einfache Beispielfunktion:

```
def hallo(name='Rene'):
    return 'Hallo ' + name

hallo()
```

```
'Hallo Rene'
```

Folgendermaßen wird die Funktion `hallo` einem weiteren Bezeichner zugewiesen:

```
gruss = hallo

print(gruss)
gruss()
```

```
<function __main__.hallo(name='Rene')>
'Hallo Rene'
```

Hinweis: Die Zuweisung `gruss = hallo` hat keine runden Klammern nach `hallo`, damit die Funktion `hallo` nicht ausgeführt, sondern lediglich als Referenz übergeben wird. Würde sie ausgeführt, dann hätte `gruss` nach der Zuweisung einfach den Rückgabewert der Funktion `hallo`, also `"Hallo Rene"`.
Was aber passiert, wenn `hallo` gelöscht wird?

```
del hallo

hallo()
```

```
NameError: name 'hallo' is not defined
```

`gruss` hingegen funktioniert weiterhin, obwohl `hallo` gelöscht wurde:

```
gruss()
```

```
'Hallo Rene'
```

Durch die Zuweisung der Funktion zu einem anderen Bezeichner wurde folglich eine echte Kopie der Funktion erzeugt.

10.6.3 Funktionen innerhalb von Funktionen

In Python ist es möglich, innerhalb von Funktionen Unterfunktionen zu definieren:

```
def hallo(name="Rene"):
    """ Funktion zur Ausgabe eines Grusses mit einer Unterfunktion. """

    print("Die Funktion hallo wurde aufgerufen")

    def gruss():
        """ Funktion zur Demonstration von inneren Funktionen. """

        return "\t Innerhalb der Funktion gruss"

    print(gruss())
    print("Zurück in der Funktion hallo")


hallo()
```

```
Die Funktion hallo wurde aufgerufen
	 Innerhalb der Funktion gruss
Zurück in der Funktion hallo
```

Das Sonderzeichen `\t` (für Tabulator) bewirkt hier die Einrückung des Rückgabestrings der Funktion `gruss`.

Die Funktion `gruss` kann nicht direkt ausgeführt werden, da sie nicht im obersten Geltungsbereich liegt. Sie ist nur innerhalb der Funktion `hallo` verfügbar:

```
gruss()
```

```
NameError: name 'gruss' is not defined
```

Wir können die Funktion `hallo` solcherart erweitern, dass sie in Abhängigkeit eines Parameters eine von zwei Unterfunktionen zurückgibt:

```
def hallo(name="Rene"):
    """ Funktion zur Ausgabe eines Grusses
    mit zwei Unterfunktionen mit weiteren
    Ausgaben. """

    def gruss():
        """ Funktion zur Demonstration von
        inneren Funktionen. """

        return "\t Innerhalb der Funktion
        gruss"

    def willkommen():
        """ Funktion zur Demonstration von
        inneren Funktionen. """

        return "\t Innerhalb der Funktion
        willkommen"


    if name == "Rene":
        return gruss
    else:
        return willkommen
```

Was passiert, wenn das Ergebnis von hallo einem neuen Bezeichner zugewiesen wird?

```
neu = hallo()

print(neu)
print(neu())
```

```
<function hallo.<locals>.gruss at
0x7f9e2e3408b0>
     Innerhalb der Funktion gruss
```

Da der Parameter name der Funktion hallo den Defaultwert "Rene" hat, gibt hallo() eine Referenz auf die Funktion gruss zurück. Wenn hallo ein beliebiger anderer Wert übergeben wird, dann ist der Rückgabewert stattdessen eine Referenz auf die Funktion willkommen:

```
neu = hallo("Peter")

print(neu)
print(neu())
```

```
<function hallo.<locals>.willkommen at
0x7fc4f21fb940>
     Innerhalb der Funktion willkommen
```

10.6.4 Funktionen als Parameter

Eine Referenz auf eine Funktion und kann wie ein beliebiger Datentyp einer Funktion als Parameter übergeben werden:

```
def innere_funktion():
    """ Funktion zur Ausgabe eines einfachen Strings. """

    return "Aufruf innere Funktion"

def aeussere_funktion(funktion):
    """ Funktion zur Demonstration der Annahme einer Funktion als Parameter. """

    print("Vor Aufruf der übergebenen Funktion")
    print(funktion())
    print("Nach Aufruf der übergebenen Funktion")

aeussere_funktion(innere_funktion)
```

```
Vor Aufruf der übergebenen Funktion
Aufruf innere Funktion
Nach Aufruf der übergebenen Funktion
```

Der Programmcode der inneren Funktion wurde um den Programmcode der äußeren Funktion ergänzt. Die äußere Funktion kann vor und nach dem Aufruf der inneren Funktion beliebigen Code ausführen (Preprocessing und Postprocessing). Dies ist die Aufgabe von Dekoratoren: sie ergänzen das Verhalten von Funktionen.

10.6.5 Dekoratoren für Funktionen

Im vorherigen Abschnitt wurde ein einfacher, manuell implementierter Dekorator zur Demonstration des Konzepts gezeigt. In der Praxis haben Dekoratoren einen komplexeren Aufbau mit einer äußeren Funktion, welche die dekorierte Funktion annimmt und einer inneren Funktion, die das Verhalten der dekorierten Funktion ergänzt:

```
def aeussere_funktion(funktion):
    """ Dekorator Demo äußere Funktion. """

    def innere_funktion():
        """ Dekorator Demo innere (aufrufende) Funktion. """

        print("Preprocessing")
        funktion()
        print("Postprocessing")

    return innere_funktion

def zielfunktion():
    """ Dekorator Demo dekorierte Funktion. """

    print("Aufruf Zielfunktion")
```

Vor der Anwendung des Dekorators gibt ein Aufruf der Funktion `zielfunktion` erwartungsgemäß nur `"Aufruf Zielfunktion"` aus:

```
zielfunktion()
```

```
Aufruf Zielfunktion
```

Nach Anwendung des Dekorators führt `zielfunktion()` zum Aufruf von `innere_funktion`; Pre- und Postprocessing umhüllen jetzt die Ausführung von `zielfunktion`:

```
zielfunktion = aeussere_2
funktion(zielfunktion)

zielfunktion()
```

```
Preprocessing
Aufruf Zielfunktion
Postprocessing
```

Üblicherweise werden Funktionen jedoch mit der folgenden, angenehmeren Kurzschreibweise dekoriert:

```
@aeussere_funktion
def zielfunktion():
    """ Dekorator Demo zu dekorierende
    Funktion. """

    print("Aufruf Zielfunktion")

zielfunktion()
```

```
Preprocessing
Aufruf Zielfunktion
Postprocessing
```

In die Zeile vor der Definition der dekorierten Funktion wird ein `@`-Zeichen gefolgt vom Namen des Dekorators geschrieben. Eine Funktion kann auch mit mehreren Dekoratoren dekoriert werden; jeder Dekorator wird dazu einfach in eine eigene Zeile gesetzt:

```
@dekorator1
@dekorator2
def funktion():
    """ Mehrfach dekorierte Funktion. """

        print("Aufruf funktion")
```

Achtung: Die Dekoratoren dekorieren von oben nach unten. Im obigen Beispiel dekoriert also zuerst `dekorator2` und anschließend `dekorator1` das Ergebnis von `dekorator2`. Das kann zu schwierig zu findenden Fehlern führen!

Ein enormer Vorteil von Dekoratoren ist, dass sie auf eine beliebige Anzahl von Funktionen angewendet werden können. Beispielsweise könnte ein Dekorator für eine Logging-Funktionalität implementiert werden, der dann mit der `@`-Syntax jeder Funktion hinzugefügt wird, deren Rückgabewert in einer Logdatei gespeichert werden soll.

Dekoratoren sind auch sehr beliebt in Python-Webframeworks wie Django und Flask. Django beispielsweise nutzt Dekoratoren, um den Zugriff auf Verwaltungsseiten für Nutzer, die keine Administratoren sind, zu unterbinden.

Übungsaufgaben
Materialien zum Buch

Die Materialien zum Buch sowie Videos mit Hilfen zur Installation können Sie unter der Adresse
https://akademie.datamics.com/python-buchmaterialien/
oder mit folgendem QR-Code erreichen:

11 Programmqualität

“Always code as if the guy who ends up maintaining your code will be a violent psychopath who knows where you live.”

– John Woods

Die Qualität eines Programmes setzt sich aus mehreren Komponenten zusammen, unter anderem Sicherheit, Fehlerfreiheit, Laufzeit, Speicherbedarf, Wartbarkeit und Benutzerfreundlichkeit. Die wichtigsten Komponenten sind in Abbildung 11.1 aufgeführt.

Die Sicherheit moderner Computer ist ein äußerst umfangreiches und anspruchsvolles Thema, insbesondere aufgrund der allgegenwärtigen Vernetzung im Internet. Ein gutes Verständnis von Computersicherheit ist daher essentiell für Programmierer – Sicherheitslücken rächen sich, wenn auch zum Teil erst Jahrzehnte nach der Programmierung. Zuerst müssen gute Kenntnisse der Programmierpraxis sowie des Aufbaus moderner Rechner und Netzwerke erworben werden. Leider ist die Bedeutung des Themas Computersicherheit in rapidem Wachstum begriffen. Spezialisierte Banden von Computerkriminellen kapern und verschlüsseln komplette Rechnernetzwerke, hauptsächlich Netzwerke von Unternehmen und Behörden. Diese werden dann erst nach der Zahlung eines Lösegelds, am liebsten in einer Kryptowährung, wieder entschlüsselt, wenn überhaupt!

Insgesamt sind moderne Computersysteme leider erschreckend schlecht geschützt. Die Gründe dafür sind vielfältig. Einerseits wird beim Aufbau von Rechnernetzwerken und der Entwicklung von Anwendungen gerne an der komplexen und daher teuren Sicherheit gespart. Aber auch die unter anderem in Python sehr verbreitete kollaborative Entwicklung von Anwendungen als *Open Source* (Deutsch: *Quelloffen*) hat Tücken: da der Code von Einsteigern mit dem Code von Experten gegebenenfalls vermischt wird, haben viele Open Source Projekte leider eine unzureichende Codequalität. Code von geringer Qualität ist unübersichtlich, schwer verständlich und kann daher leicht schwierig zu findende Angriffspunkte beinhalten.

Eine weitere, wichtige Schwachstelle von Computersystemen ist die Abhängigkeit von externen Bibliotheken, welche meistens wiederum externe Bibliotheken nutzen. Dadurch entsteht eine Kette von Abhängigkeiten.

Python als Programmierhochsprache ermöglicht es, äußerst komplexe Anwendungen mit vergleichsweise wenigen Zeilen von Code auszuführen. Dies ist vor allem dem enormen Angebot an Zusatzbibliotheken zu verdanken. Mit der zunehmenden Leistungsfähigkeit von Zusatzbibliotheken steigt jedoch die Tiefe der Abhängigkeitskette. Falls irgendeine Abhängigkeit der Abhängigkeitskette kompromittiert ist, kann ein Angreifer die Kontrolle über das gesamte Betriebssystem erlangen.

Vor kurzem erst wurde die bereits vorgestellte Paketverteilungsplattform PyPi (von der die Paketmanagementsoftware Pip Pakete bezieht) aufwendig mit einer *Dependency confusion attack* (Deutsch *Abhängigkeitverwechslungsattacke*) angegriffen[40]. Dabei wurde Schadsoftware mit einer minimal veränderten Schreibweise des Namens einer bekannten Bibliothek auf der Verteilungsplattform hochgeladen. Wenn dann einem nichtsahnendem Softwareentwickler bei der Definition eines Imports in seiner Pythonsoftware der entsprechende kleine Rechtschreibfehler bei der Schreibweise des Namens einer Bibliothek unterläuft, wird der Schadcode mit Python-Systemzugriff vollkommen unbemerkt ausgeführt!

[40] https://arstechnica.com/gadgets/2021/07/malicious-pypi-packages-caught-stealing-developer-data-and-injecting-code/

Im letzten Vorfall dieser Art auf PyPi wurden über zehn verschiedene, populäre Bibliotheken angegriffen mit zahlreichen abweichenden Schreibweisen. Dabei wurde Schadsoftware insgesamt 30.000-mal installiert, bevor die Sicherheitslücke gefunden und geschlossen wurde. Das bemerkenswerte an dieser Art von Hack ist, dass selbst erfahrenste Entwickler für den Angriffsvektor anfällig sind – kleine Rechtschreibfehler kommen immer vor.

Und dies ist nur ein Beispiel für einen möglichen Angriffspunkt – die Schwachstellen sind zahlreich und die Angriffsziele reichen von einfachem Bitcoin-Mining auf fremden Rechnern über Identitätsdiebstahl mit der Absicht, auf Onlinebanking zuzugreifen, bis zur Industriespionage und -sabotage.

Das Thema Computersicherheit ist notorisch anspruchsvoll und zu umfangreich für dieses Buch. Nach dem Erlernen der Grundlagen der Programmierung ist es aber erforderlich, sich mit Computersicherheit gründlich auseinanderzusetzen. Ein guter Programmierstil von Anfang an hilft jedoch, die Anzahl von Angriffspunkten niedrig zu halten. Auch die Optimierung von Laufzeit und Speicherbedarf sind anspruchsvolle Themen der theoretischen Informatik und würden dieses Buch sprengen. Ähnliches gilt für Benutzerfreundlichkeit / UX. Bevor an dem Verständnis der Entwicklung benutzerfreundlicher Programme gearbeitet werden kann, muss zuerst Programmierung an sich erlernt werden. Jedoch hilft ein durchdachter Programmierstil sowohl bei der Entwicklung effizienter als auch benutzerfreundlicher Programme.

Zur Reduktion der Anzahl von Fehlern bei der Entwicklung fortgeschrittener Programme sind zwei Konzepte von großer Bedeutung: Debugging und Softwaretests. Debugging wird eingesetzt, nachdem ein Fehler aufgetreten ist. Dabei wird das Programm systematisch nach der Stelle durchsucht, die den Fehler auslöst. Softwaretests hingegen sind essentiell für die Entwicklung robuster und gut wartbarer Software. Dabei wird Programmcode geschrieben, welcher den eigentlichen, funktionalen Code auf Korrektheit überprüft. Wird eine Komponente des Programmes erweitert, dann zeigen gut angelegte Softwaretests, an welchen Stellen das Programm entsprechend der Erweiterung noch umgebaut werden muss. Beide Themen, Debugging und Softwaretests, werden in diesem Kapitel behandelt.

Wartbarkeit ist ein Sammelbegriff für viele wichtige Qualitäten eines Programmes. Dazu gehören technische Aspekte aus dem umfangreichen Themenkomplex *DevOps* (*Development Operations*, Deutsch *Entwicklungsoperationen*), also allen Aufgabenstellungen, die mit der Veröffentlichung und dem Betrieb einer Software verbunden sind. Eng verbunden mit der Wartbarkeit ist die *Robustheit* einer Software.

Eine Software ist dann robust, wenn sie

- Benutzereingaben konsequent fehlerfrei verarbeitet
- wenn überhaupt nur selten (in Relation zu den Anforderungen des Einsatzgebietes) abstürzt
- unter Niedrig- und Hochlast (zum Beispiel bei einem massiven Anstieg der Anzahl von Zugriffen auf einen Server) mit akzeptabler Effizienz funktioniert
- nur ein Minimum an Angriffspunkten bietet
- falls vorhanden insbesondere die Nutzerauthentifizierung schützt

Ebenfalls zum Themenkomplex Wartbarkeit zugehörig ist die *Dokumentation* einer Anwendung.

Dabei umfasst eine professionelle Dokumentation mehrere Ebenen:

- **Codekommentare:** Kleine Hinweise für Programmierer zum Programmcode
- **Docstrings:** Gut verständliche Beschreibungen der bereitgestellten Funktionalität im Programmcode

- **Entwicklerdokumentation:** Eine beispielsweise mit der Software Sphinx[41] automatisch aus Docstrings erstellte und manuell erweiterte Dokumentation für Entwickler
- **Anwenderdokumentation:** Für Endanwender bestimmte, manuell erstellte Benutzungsanleitung einer Software

Die letzten beiden Punkte werden erst zu einem späteren Zeitpunkt in Ihrer Programmierkarriere wichtig. Docstrings für die Python-interne Hilfe wurden bereits vorgestellt. Im Zusammenhang mit Codekommentaren ist anzumerken, dass selbige nur spärlich eingesetzt werden sollten. Codekommentare werden gerne bei Änderungen am Programm vergessen und nicht den Änderungen entsprechend aktualisiert. Das führt im Laufe der Zeit zu irreführenden und schwer nachvollziehbaren Codekommentaren. Außerdem sollte hochwertiger Code derart sauber implementiert sein, dass Codekommentare (außer in Form von Docstrings!) kaum nötig sind.

Ein weiterer zentraler Anspruch der Wartbarkeit von Software ist die Lesbarkeit des Programmcodes. Anständig entwickelte Software ist gut lesbar und verständlich. Dadurch werden Fehler schnell gefunden und Erweiterungen einfach programmiert.

Die maßgebliche Konvention für die Gestaltung von gut lesbarem Code heißt *PEP8*[42]: *Python Enhancement Proposal 8* (Deutsch: *Python-Ergänzungsvorschlag 8*) . Ein Großteil der Python-Programmierer entwickeln ihren Code mehr oder weniger nach PEP8. Die allerwichtigsten Grundlagen von PEP8 werden in Kürze vorgestellt.

41 https://www.sphinx-doc.org
42 https://www.python.org/dev/peps/pep-0008/

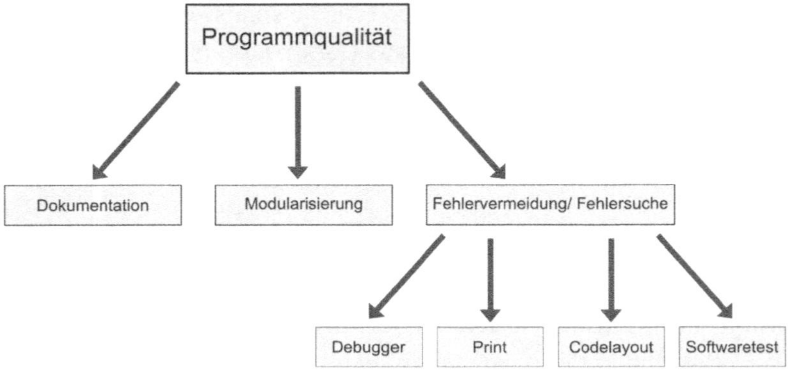

Abbildung 11.1: Wichtige Komponenten der Qualität eines Programms.

11.1 Debugging

Bei einfachen Problemen reicht es, die Ursache mit geschickt gesetzten `print`-Ausgaben zu suchen. Falls das Problem damit nicht gelöst werden kann, dann ist die Verwendung eines Debuggers der nächste Schritt. Dabei werden im Programm Kontrollpunkte gesetzt, an denen das Verhalten des Programmes zur Laufzeit untersucht wird.

11.1.1 Debugging mit *print*

Die aktuellen Werte von Variablen an beliebigen Stellen im Programmcode können, wie bekannt, mit `print` ausgegeben werden. Auf diese Weise kann mit geringstem Aufwand geprüft werden, ob eine Variable an der untersuchten Stelle einen plausiblen Wert hat.
Dazu ein Beispiel:

```
for wert in [100, 0.1, -32, 201, -4.123]:
    tmp = 3/(1-round(-1 * 16.492 / wert))
```

```
Traceback (most recent call last):
  File "book_code.py", line 1395, in <module>
    tmp = 3/(1-round(-1 * 16.492 / wert))
ZeroDivisionError: division by zero
```

Bei welchem Wert ist die Berechnung gescheitert? Hier hilft eine einfache Ausgabe mit `print`:

```
for wert in [100, 0.1, -32, 201, -4.123]:
    print("Aktueller Wert: ", wert)

    tmp = 3/(1-round(-1 * 16.492 / wert))
```

```
Aktueller Wert:  100
Aktueller Wert:  0.1
Aktueller Wert:  -32
Traceback (most recent call last):
  File "book_code.py", line 1399, in <module>
    tmp = 3/(1-round(-1 * 16.492 / wert))
ZeroDivisionError: division by zero
```

Dank der `print`-Ausgabe ist es ersichtlich, dass die Berechnung für den Wert **−32** scheitert. Diese Methode des Debuggings ist jedoch schwierig für Einsteiger. Zum einen muss dazu die Bedeutung der Variablen im Programm erkannt werden, zum anderen braucht es für die Auswertung ein gutes Verständnis des Programmflusses.
Zur Verdeutlichung hier das obige Beispiel leicht modifiziert:

```
for wert in [100, 0.1, -32, 201, -4.123]:
    tmp = 3/(1-round(-1 * 16.492 / wert))

    print("Aktueller Wert: ", wert)
```

```
Aktueller Wert:  100
Aktueller Wert:  0.1
Traceback (most recent call last):
  File "book_code.py", line 1402, in <module>
    tmp = 3/(1-round(-1 * 16.492 / wert))
ZeroDivisionError: division by zero
```

Da die Ausgabe erst nach der Berechnung erfolgt, sieht es hier fälschlicherweise danach aus, als hätte der Wert **0.1** den Programmabbruch verursacht!
Die im folgenden Abschnitt gezeigte Anwendung eines terminalbasierten Debuggers hingegen erlaubt es Einsteigern, das Programm schrittweise auszuführen und in jedem Schritt mit den Variablen zu experimentieren, bis der Fehler gefunden ist.

11.1.2 Debugging mit einem Debugger

Der beliebte Python Debugger *`IPython`*[43] oder `ipdb` ist eine externe Bibliothek und muss daher zuerst installiert werden. Geben Sie dazu folgendes im Terminal ein:

```
pip install ipdb
```

Falls die Installation scheitert, führen Sie sie erneut mit Admin-Rechten aus.
Vor der Verwendung muss der Debugger importiert werden mit dem Befehl `import ipdb`. Anschließend werden mit dem Ausdruck `ipdb.set_trace()` an beliebigen Stellen im Programmcode Punkte für ein interaktives *Traceback* (Deutsch *Nachverfolgung*) gesetzt.
Als Beispiel an dieser Stelle ein einfaches Skript mit einem kleinen, aber auf den ersten Blick nicht offensichtlichem Fehler:

43 http://ipython.org

```
tmp = 2

for i in range(3):
    print("Komplexe Berechnung: ", 10.1 /
    (tmp - i))
```

```
Komplexe Berechnung:  5.05
Komplexe Berechnung:  10.1
Traceback (most recent call last):
  File "book_code.py", line 1442, in <module>
    print("Komplexe Berechnung: ", 10.1 / (tmp -
i))
ZeroDivisionError: float division by zero
```

Aus der Ausgabe ist es nicht sofort ersichtlich, welche Werte für `i` und `tmp` den Fehler verursachen. Mit einem Traceback ist es einfach, die beiden Variablen zu verfolgen:

```
import ipdb

tmp = 2

for i in range(3):
    ipdb.set_trace()

    print("Komplexe Berechnung: ", 10.1 /
    (tmp - i))
```

Nach dem Ausführen des obigen Codes kann der Debugger jetzt beispielsweise folgendermaßen interaktiv eingesetzt werden:

```
1441     ipdb.set_trace()
-> 1442      print("Komplexe Berechnung: ", 10.1
/ (tmp - i))
   1443

ipdb> c
Komplexe Berechnung:  5.05
> /home/anton/Desktop/datamics/buch/book_code.
py(1441)<module>()
   1440 for i in range(3):
-> 1441      ipdb.set_trace()
   1442      print("Komplexe Berechnung: ", 10.1
/ (tmp - i))

ipdb> c
Komplexe Berechnung:  10.1
> /home/anton/Desktop/datamics/buch/book_code.
py(1442)<module>()
   1441      ipdb.set_trace()
-> 1442      print("Komplexe Berechnung: ", 10.1
/ (tmp - i))
   1443

ipdb> tmp
2
ipdb> i
2
ipdb>
```

Dabei ist der interaktive Modus anhand der Terminal-Kennzeichnung `ipdb>` erkenntlich.

Der Debugger wird mit Kontrollkommandos gesteuert. Im obigen Beispiel wurde mit `c` für `continue` zweimal die Schleifenausführung fortgesetzt, da bekanntermaßen der Bug erst beim dritten Schleifenaufruf auftritt. Zuletzt wurden die Variablen `i` und `tmp` ausgegeben; beide haben den Wert **2**, wodurch `10.1 / (tmp - i)` eine Division durch Null auslöst.

Durch die Eingabe von `h` im interaktiven Modus werden alle Debugger-Kommandos angezeigt:

```
Documented commands (type help <topic>):
========================================
EOF    commands   enable    ll        pp        s
until
a      condition  exit      longlist  psource
skip_hidden      up
alias  cont       h         n         q
skip_predicates  w
args   context    help      next      quit
source           whatis
b      continue   ignore    p         r
step             where
break  d          interact  pdef      restart
tbreak
bt     debug      j         pdoc      return    u
c      disable    jump      pfile     retval
unalias
cl     display    l         pinfo     run
undisplay
clear  down       list      pinfo2    rv
unt

Miscellaneous help topics:
==========================
exec  pdb
```

Beendet wird der interaktive Modus mit dem Tastenkürzel `STRG+d`.
In der Praxis ist es beliebt, den Aufruf des Debuggers an eine Exception zu koppeln. Auf diese Weise kann der aktuelle Zustand des Programmes beim Auftreten des Fehlers untersucht werden.
Im Codebeispiel könnte das wie folgt realisiert werden:

```
import ipdb

tmp = 2

for i in range(3):
    try:
        print("Komplexe Berechnung: ", 10.1
        / (tmp - i))
    except:
        ipdb.set_trace()
```

Der Debugger ist im Allgemeinen ein bei Einsteigern nicht sehr beliebtes Thema. Dies ist schade – gerade für Einsteiger bietet der Debugger eine ausgezeichnete Möglichkeit, den Programmfluss eines Programmes nachzuvollziehen und Fehler in diesem zu identifizieren.

11.2 Code-Layout nach PEP8

Die meisten der im Buch gezeigten Codebeispiele folgen einer einheitlichen Formatierung. Diese entsprechen dem gängigen Standard *PEP8* (*Python Enhancement Proposal 8*, Deutsch *Python-Ergänzungsvorschlag 8*)[44]. Einheitliche Formatierung hilft es, Code zu schreiben, der auch für andere Programmierer gut verständlich ist. Das ist besonders bei einer weit verbreiteten Programmiersprache wie Python wichtig, die

44 https://www.python.org/dev/peps/pep-0008

in zahlreichen kollaborativ entwickelten Programmierprojekten eingesetzt wird. Ebenfalls ist in vielen Unternehmen, in denen mit Python programmiert wird, PEP8 die verbindliche Konvention der Formatierung von Code zur Erleichterung der Zusammenarbeit.
Im Folgenden werden hier die wichtigsten Grundlagen der Formatierung nach PEP8 mit entsprechenden Codebeispielen vorgestellt.

Hinweis: PEP8 ist eine Formatierungsempfehlung und nicht zwingend durchgängig anzuwenden. Wenn es gute Gründe gibt, beispielsweise eine bessere Lesbarkeit des Programmcodes, sind Ausnahmen gestattet!

11.2.1 Einrückung

Wie bereits in den vorherigen Kapiteln gezeigt, werden in Python Codeblöcke per Einrückung getrennt. Dabei sollte die Einrückung immer mit genau vier Leerzeichen pro Einrückungsebene erfolgen und niemals mit Tabulator.

```
# GUT!
def test():
    while True:
        pass

# SCHLECHT!
def test():
  while True:
    pass
```

11.2.2 Zeichen pro Zeile

Eine einzelne Zeile Code sollte nie mehr als 80 Zeichen haben. Viele Editoren bieten es an, eine Markierung an dieser Grenze zu setzen, was die Einhaltung dieser Regel erleichtert.

```
# GUT!
satz = """You don't frighten us, English pig dogs. Go and boil your bottoms,
you sons of a silly person. I blow my nose at you, so-called 'Arthur King',
you and all your silly English K-nig-hts."""

# SCHLECHT!
satz = "You don't frighten us, English pig dogs. Go and boil your bottoms, you sons of a silly person. I blow my nose at you, so-called 'Arthur King', you and all your silly English K-nig-hts."
```

11.2.3 Leerzeilen

Vor und nach Variablen, Funktionen und Klassen der obersten Ebene sollten immer zwei Leerzeilen stehen. Eine einzelne Leerzeile darf zur logischen Trennung von Codeblöcken verwendet werden – dies sollte jedoch möglichst spärlich erfolgen.

```
# GUT!
A = 1


class Hallo:
    pass


def test():
    b = 2

```

```
    hallo = Hallo()


c = 3

# SCHLECHT!
a = 1
class Hallo:
    pass
def test():
    b = 2
    hallo = Hallo()
c = 3
```

11.2.4 Konstantennamen

Konstanten sollten immer komplett in Großbuchstaben geschrieben werden, mit Unterstrichen als logischen Separatoren:

```
ANZAHL_RAEUME = 5  # GUT!
```

11.2.5 Funktions- und Variablennamen

Funktions- und Variablennamen sollten immer komplett in Kleinbuchstaben geschrieben werden, ebenfalls mit Unterstrichen zur Trennung funktionaler Komponenten. Bis auf wenige Ausnahmen (wie beispielsweise `i`, `j` als Schleifeniterationszähler oder `x`, `z` als Werte mathematischer Funktionen) sollten Variablen- und Parameternamen mit nur einem einzigen Zeichen vermieden werden. Aufgrund der Verwechslungsgefahr ist insbesondere von `l` (kleines El), `O` (großes Oh) oder `I` (großes Ih) als Variablen- und Parameternamen abzuraten.

Sprechende Funktions- und Variablennamen erhöhen die Verständlichkeit eines Programmes; dabei sollen die Namen aber nicht zu lange werden. Außer dem Unterstrich ist auf weitere Sonderzeichen, auch deutsche Umlaute, in Bezeichnern zu verzichten. Natürlich sollten Variablen- oder Funktionsnamen keine reservierten Schlüsselwörter wie zum Beispiel `True` ersetzen (eine vollständige Liste der reservierten Schlüsselwörter ist im nächsten Abschnitt zu finden).

```
# GUT!
rasse_hund = "Rottweiler"

# SCHLECHT!
dies_ist_die_Rasse_des_Hundes = "Rottweiler"

# GUT!
def berechne_durchschnitt():

# SCHLECHT!
def Mit_dieser_Funktion_wird_der_Durchschnitt_berechnet():
```

11.2.6 Reservierte Schlüsselwörter

In Python gibt es derzeit dreiunddreißig reservierte Schlüsselwörter, die nicht als Variablen- oder Funktionsnamen eingesetzt werden dürfen. Diese sind in der Tabelle 11.1 aufgelistet.

True	False	None	and
as	assert	break	class
continue	def	del	elif
else	except	finally	for
from	global	if	import
in	is	lambda	nonlocal
not	or	pass	raise
return	try	while	with
yield			

Tabelle 11.1: Reservierte Schlüsselwörter

Dabei führt der Versuch der Zuweisung eines Wertes zu einem dieser Schlüsselwörter zu einem Syntaxfehler:

```
yield = 1
```

```
yield = 1
         ^
SyntaxError: invalid syntax
```

Des weiteren ist davon abzusehen, Datentypen oder eingebaute Funktionen als Bezeichner zu verwenden, da diese dabei überschrieben werden und schwer zu findende Bugs verursachen:

```
int = 100

print(int(3.1))
```

```
print(int(3.1))
TypeError: 'int' object is not callable
```

Da die Funktion zur Konvertierung in einen Integerwert, `int`, mit einer Variablen überschrieben wurde, scheitert der Konvertierungsversuch in der `print`-Anweisung.

Achtung: Im Gegensatz zur Zuweisung eines Wertes zu einem reservierten Schlüsselwort verursacht das Überschreiben von `int` und anderen Datentypen oder eingebauten Funktionen keinen Syntaxfehler! Auch deshalb sind Bugs dieses Typs schwierig zu finden und sollten am besten von vorneherein vermieden werden.

11.2.7 Variablenzuweisung

Die Zuweisung von Variablen sollte nach dem Muster `Name Leerzeichen = Leerzeichen Wert` erfolgen. Beim Setzen von Defaultwerten für Funktionsparameter sollten keine Leerzeichen vor und nach dem Gleichheitszeichen stehen.

```
# GUT!
a = 1

# GUT!
def test(wert=1):

# SCHLECHT!
a=1

# SCHLECHT!
a  = 1

# SCHLECHT!
def test(wert = 1):
```

11.2.8 Klassennamen

Klassennamen sollten zusammengeschrieben werden, wobei der erste Buchstabe jedes Namensbestandteils jeweils groß zu schreiben ist:

```
# GUT!
class HundeRasse:

# SCHLECHT
class hunde_rasse:
```

11.2.9 Aufzählungen

Aufzählungen (zum Beispiel Funktionsparameter, Basisklassen bei der Vererbung oder Dictionary-Definition) sollten nach folgendem Muster erfolgen:

```
aufzaehlung(parameter1, parameter2)
```

Nach einem Komma folgt genau ein Leerzeichen; vor oder nach Parameternamen stehen keine Leerzeichen. Bei Dictionaries sollte auf den Doppelpunkt nach dem Schlüssel ein Leerzeichen und dann der Wert folgen.

```
# GUT!
def funktion(parameter1, parameter2):

# GUT!
class Klasse(BasisKlasse1, BasisKlasse2):

# GUT!
test = funktion(parameter1, parameter2)

# GUT!
dictionary = {1: 'a', 2: 'c'}

# SCHLECHT!
funktion( parameter1,parameter2 )

# SCHLECHT!
Dictionary = { 1: 'a',2:'c' }
```

11.2.10 Docstrings

Docstrings wurden in früheren Kapiteln bereits vorgestellt. An dieser Stelle wird die Formatierung von Docstrings nach PEP8 hervorgehoben. Für jedes Modul und jede Funktion, Klasse und Methode sollten Docstrings definiert werden. Docstrings sind Strings, die eine Funktion oder Klasse erklären. Diese werden mittels `help(objekt)` oder `objekt.__doc__` ausgegeben, wobei `objekt` der Name der Klasse oder Funktion ist.

Docstrings werden direkt in der Zeile unterhalb der Funktions- oder Klassendefinition geschrieben. Einzeilige Docstrings haben das folgende Format:

```
"""Text"""
```

Mehrzeilige Docstrings werden nach folgendem Muster formatiert:

```
""" Zeile 1
Zeile2
"""
```

Beispiele für korrekte oder ungeeignete Docstring-Formatierung:

```
# GUT!
def test():
    """ Funktion zum Testen des Ablaufs. """
    pass

# GUT!
class Klasse:
    """ Klasse zum Testen des Programmes.
    Methode test() führt den eigentlichen
    Test aus. """

    def test(self):
        "" Funktion zum Testen des Ablaufs.
        """

        pass

# SCHLECHT!
def test():
    pass

```

```
# SCHLECHT!
class Klasse:
    def test(self):
        pass
```

Hinweis: Auch Module, also einzelne Skriptdateien mit der Endung *.py*, sollten am Anfang mit einem Docstring eingeleitet werden.

11.2.11 Codekommentare

Codekommentare sollten nur spärlich eingesetzt werden: guter Code ist auch ohne Kommentare lesbar und verständlich.
Codekommentare in einer eigenen Zeile werden mit dem Rautezeichen # eingeleitet, gefolgt von einem Leerzeichen und dem Kommentar. Codekommentare hinter dem Programmcode hingegen beginnen mit zwei Leerzeichen, dann #, danach einem Leerzeichen und schließlich dem Kommentar.

```
# GUT!
# ergebnis ist ein Tupel aus (name, id, typ, benchmark)
for ergebnis in ergebnisse:

# GUT!
test = 123  # Initialisierung mit 123 für schnellen Testdurchlauf

# SCHLECHT!
#Diese Schleife iteriert über alle Ergebnisse
for ergebnis in ergebnisse:

# SCHLECHT!
test = 123#Test wird mit 123 initialisiert
```

11.2.12 Automatische PEP8-Prüfung

Es gibt viele Programme, um ein Programm automatisch auf PEP8-Kompatibilität zu überprüfen. Eine populäre Anwendung zu diesem Zweck ist *PyLint*[45]. PyLint analysiert allerdings längst nicht alle PEP8-Konventionen.

Zunächst muss PyLint installiert werden, da es nicht Teil der Standardbibliothek ist. Dies geschieht mit dem folgenden Befehl:

```
pip install pylint
```

Gegebenenfalls müssen Sie die Installation mit Admin-Rechten ausführen.

Als Beispiel hier ein sehr einfaches Skript:

```
a=1

def MeineFunktion():
    pass
```

Speichern Sie das Skript unter dem Namen *test_pep8.py*. Mit dem folgenden Aufruf im Terminal (im Verzeichnis des Skripts) können Sie es jetzt mit PyLint auf PEP8-Kompatibilität analysieren:

Ausgabe:

```
************* Module test_pep8
test_pep8.py:1:0: C0114: Missing module
docstring (missing-module-docstring)
test_pep8.py:1:0: C0103: Constant name "a"
doesn't conform to UPPER_CASE naming style
(invalid-name)
test_pep8.py:3:0: C0103: Function name
"MeineFunktion" doesn't conform to snake_case
naming style (invalid-name)
```

[45] https://pylint.org

```
test_pep8.py:3:0: C0116: Missing function or
method docstring (missing-function-docstring)

-----------------------------------
Your code has been rated at -3.33/10
```

PyLint hat korrekt erkannt, dass folgende PE8-Konventionen nicht befolgt wurden:

1 das Skript hat keinen Docstring
2 der Konstantenname `a` ist nicht großgeschrieben
3 der Funktionsname `MeineFunktion` ist nicht kleingeschrieben und funktional durch Unterstriche getrennt
4 die Funktion hat keinen Docstring

Außerdem hat PyLint noch eine Punktzahl als Bewertung des Codes ausgegeben, die mit `-3.3` von zehn möglichen Punkten noch deutlich gesteigert werden kann!

11.3 Softwaretests

Wie bereits beschrieben dienen Softwaretests sowohl dem Finden von Fehlern, als auch der Entwicklung robuster und gut erweiterbarer Software. In diesem Abschnitt wird zuerst ein Überblick über gängige Fehlertypen gegeben, bevor der Einsatz von Softwaretests in Python gezeigt wird. Generell werden in der Informatik folgende Fehlertypen unterschieden:

- **Lexikalische Fehler** (unbekannter Bezug)
- **Syntaktischer Fehler** (beispielsweise vergessener Doppelpunkt)
- **Laufzeitfehler** (unter anderem durch fehlerhafte Eingabedaten)
- **Semantische Fehler** (Logikfehler)

Die meisten, aber nicht alle der hier aufgeführten Fehler lösen eine Exception aus. Insbesondere Logikfehler und manche Formen syntaktischer Fehler sind häufig still und von daher nur schwierig zu finden. Die einzelnen Fehlertypen werden im Folgenden kurz mit Beispielen vorgestellt.

11.3.1 Lexikalische Fehler

Lexikalische Fehler sind sehr häufige Fehler und glücklicherweise im Normalfall einfach und ohne Einsatz von Softwaretests zu finden. Hier ein Beispiel für einen lexikalischen Fehler:

```
a = "Dies ist ein lexikalischer Fehler!"

print(b)
```

```
print(b)
NameError: name 'b' is not defined
```

11.3.2 Syntaxfehler

Syntaxfehler sind Fehler, die dazu führen, dass Python den Programmcode nicht korrekt interpretieren kann. Irgendwo fehlt immer mal ein Doppelpunkt, beispielsweise nach einer `if`-Kondition, oder es wurde `true` statt `True` in einen booleschen Ausdruck geschrieben. Syntaktische Fehler sind üblicherweise (aber nicht immer) leicht zu finden, da sie schon bei dem Kompilieren angezeigt werden. In komplizierteren Fällen können syntaktische Fehler aber zu irreführenden Fehlermeldungen führen. Ein Syntaxfehler sieht beispielsweise folgendermaßen aus:

```
if true
    print("Dies ist ein Syntaxfehler!")
```

```
if true
          ^
SyntaxError: invalid syntax
```

Die Ausgabe ist hier ein unspezifischer `SyntaxError` – es liegt am Programmierer zu erkennen, dass sowohl `True` fälschlich kleingeschrieben als auch der Doppelpunkt danach weggelassen wurde!

11.3.3 Laufzeitfehler

Laufzeitfehler werden nicht durch den Programmcode an sich ausgelöst, sondern durch fehlerhafte Eingabedaten oder eine unpassende Systemkonfiguration.
Falls zum Beispiel die (vorher eingelesenen) Eingabedaten `eingabe` ein unerwartetes `None` enthalten, dann verursacht der folgende Code einen Laufzeitfehler:

```
eingaben = [1, None, 3]

for eingabe in eingaben:
    print(eingabe / 10)
```

```
print(eingabe / 10)
TypeError: unsupported operand type(s) for /:
'NoneType' and 'int'
```

Laufzeitfehler sind häufig einfach zu identifizieren, können aber schwierig zu beheben sein.

11.3.4 Semantische Fehler

Die üblicherweise aufwendigste und unangenehmste Fehlerklasse sind semantische Fehler oder auch Logikfehler. Das können fehlerhafte Schleifenabbruchbedingungen sein, falsch verwendete Indizes bei Listenoperationen, fehlerhaft implementierte Mathematik, Probleme mit der Ausführungsreihenfolge von Anweisungen und vieles mehr.

Insbesondere zur Vermeidung und dem Beheben von Logikfehlern sind Softwaretests von zentraler Bedeutung. Softwaretests validieren die Logik von Programmen. Bei einem Logikfehler muss gesucht werden, an welcher Stelle die Programmlogik von den vorhandenen Softwaretests nicht ausreichend geprüft wird. Sind keine Softwaretests vorhanden, dann muss stattdessen die gesamte Programmlogik schrittweise nach der Schwachstelle durchsucht werden.
Hier ein einfaches Beispiel eines Logikfehlers in Form einer falsch implementierten mathematischen Operation:

```
def prozent_berechnen(wert, prozent):
    return wert / prozent  # anstatt "wert
    * 100 / prozent"
```

Die Funktion löst keine Exception aus, gibt aber ein inkorrektes Ergebnis zurück!

11.3.5 Unittests

Bei komplexen Programmen werden die einzelnen Einheiten (Englisch Units) eines Programmes separat getestet. Die zu testenden Einheiten sind Funktionen, Klassen oder ganze Module.
Jeder Testfall ist unabhängig von den anderen Testfällen auszuführen. Dabei sollten Tests für zu erwartende Eingabeparameter, Extremfälle und ungültige Eingaben implementiert werden. Wenn eine Funktion üblicherweise kleine Integerwerte im Bereich **–10** bis **+5** verarbeitet, dann sollte diese Funktion auch für sehr kleine und sehr große Werte, für die Eingabe **0**, Float- und String-Eingaben sowie anderen inkompatible Datentypen getestet werden.
Zur Verdeutlichung hier eine einfache Funktion, die (ineffizient) überprüft, ob die übergebene Zahl **n** eine Primzahl ist:

```
def ist_primzahl(n):
    for i in range(3, n):
        if n % i == 0:
        return False

    return True

print(ist_primzahl(6))
print(ist_primzahl(7))
```

```
False
True
```

Die beiden Aufrufe sind erfolgreich: **6** wird als nicht-prim und **7** als Primzahl erkannt. Mit Testfunktionen kann jetzt das Verhalten der Funktion `ist_primzahl` validiert werden, als Beispiel zuerst mithilfe einer einfachen `if`-Anweisung:

```
if ist_primzahl(6) == False and ist_primzahl(7) == True:
    print("Test der Primzahl-Funktion erfolgreich")
else:
    print("Primzahl-Funktion liefert fehlerhafte Werte")
```

```
Test der Primzahl-Funktion erfolgreich
```

Dieser manuelle Softwaretest könnte auf die Definition der Funktion `ist_primzahl` folgen und vor der eigentlichen Verwendung der Funktion testen, ob diese ihren Zweck erfüllt. Falls die Funktion einen Fehler hätte, also beispielsweise die `range` zur Suche nach Teilern mit **10** statt **3** beginnt, dann erkennt der primitive Softwaretest dies:

```
def ist_primzahl(n):
    for i in range(10, n):
        if n % i == 0:
        return False

    return True

if ist_primzahl(6) == False and ist_primzahl(7) == True:
    print("Test der Primzahl-Funktion erfolgreich")
else:
    print("Primzahl-Funktion liefert fehlerhafte Werte")
```

```
Primzahl-Funktion liefert fehlerhafte Werte
```

Dies dient nur zur Verdeutlichung des Konzeptes! In der realen Welt würde niemand einen Softwaretest solcherart aufbauen, da es zu diesem Zweck leistungsstarke Bibliotheken gibt. Eine beliebte und leistungsfähige Bibliothek für Softwaretests in Python ist `unittest`, welche im folgenden Abschnitt vorgestellt wird.

11.3.6 Softwaretests mit *unittest*

Mithilfe der in der Standardbibliothek enthaltenen Bibliothek `unittest`[46] werden Testfälle außerhalb des eigentlichen Programmcodes definiert. Auf diese Weise erfolgt eine klare Trennung zwischen funktionalem Code und Softwaretests, wodurch die Übersichtlichkeit der Anwendung stark erhöht wird.

Bei umfangreicheren Projekten ist es üblich, dass nicht nur Programmierer, sondern auch spezialisierte Softwaretester am Projekt mitarbeiten. Die Softwaretester identifizieren Bugs und Schwächen im

[46] https://docs.python.org/3/library/unittest.html

Programm und geben diese Information dann an die Programmierer weiter, die den eigentlichen Programmcode entsprechend anpassen und anschließend von den Testern wieder validieren lassen.

Speichern Sie die im vorherigen Abschnitt definierte Funktion `ist_primzahl` jetzt in einer Datei namens *primzahl.py*:

```
def ist_primzahl(n):
    for i in range(3, n):
        if n % i == 0:
        return False

    return True
```

Ein sehr einfacher Softwaretest für diese Funktion mit `unittest` wird dann folgendermaßen implementiert:

```
import unittest

from primzahl import ist_primzahl

class PrimzahlTest(unittest.TestCase):
    def test_ist_primzahl(self):
        self.assertEqual(ist_primzahl(7),
        True)


if __name__ == "__main__":
    unittest.main()
```

Für jede zu testende Programmkomponente sollte eine eigene Testklasse von `unittest.TestCase` abgeleitet werden, im Beispiel hier nur eine einzige Testklasse für die Funktion `ist_primzahl`. Der

Name der Kindklasse, hier `PrimzahlTest`, kann beliebig gewählt werden, muss aber mit `Test` enden und sollte einen deutlichen Hinweis darauf geben, was in der Klasse getestet wird. Die Tests werden dann als Methoden der Testklasse definiert; dabei muss der Name der Testmethode mit `test` beginnen, damit `unittest` sie als einen separaten Softwaretest erkennt.
Wird der obige Softwaretest in einer Datei mit dem Namen *primzahl_unittest.py* gespeichert, kann er anschließend durch die Eingabe des folgenden Befehls im Terminal ausgeführt werden:

```
python3 -m unittest primzahl_unittest.py
```

```
.
----------------------------------------------------------
----------------------
Ran 1 test in 0.000s

OK
```

Die Ausgabe bedeutet, dass `unittest` einen einzigen Softwaretest, nämlich die Funktion `test_ist_primzahl`, gefunden und erfolgreich ausgeführt hat. In `test_ist_primzahl` wurde die von `unittest.TestCase` geerbte Methode `self.assertEqual` aufgerufen, welche wiederum die Funktion `ist_primzahl` mit der Primzahl **7** als Eingabewert ausführt. `ist_primzahl` gibt korrekterweise den Wert `True` zurück, wodurch der Test bestanden wurde.
Weitere Softwaretests für `ist_primzahl` können einfach in Form weiterer Methoden in der Klasse `PrimzahlTest` angelegt werden.
Hier zur Demonstration ein zusätzlicher Test, der sicherstellt, dass `ist_primzahl` beim Aufruf mit einer Zahl, die nicht prim ist, den Wert `False` zurückgibt:

```python
import unittest

from primzahl import ist_primzahl

class PrimzahlTest(unittest.TestCase):
    def test_ist_primzahl(self):
        self.assertEqual(ist_primzahl(7), True)

    def test_keine_primzahl(self):
        self.assertEqual(ist_primzahl(6), False)


if __name__ == "__main__":
    unittest.main()
```

```
..
------------------------------------------------
----------------------
Ran 2 tests in 0.000s

OK
```

Mithilfe eines weiteren Tests kann ein Bug in `ist_primzahl` identifiziert werden:

```
import unittest

from primzahl import ist_primzahl

class PrimzahlTest(unittest.TestCase):
    def test_ist_primzahl(self):
        self.assertEqual(ist_primzahl(7), True)

    def test_keine_primzahl(self):
        self.assertEqual(ist_primzahl(6), False)

    def test_negative_primzahl(self):
        self.assertEqual(ist_primzahl(-13), False)


if __name__ == "__main__":
    unittest.main()
```

```
..F
================================================
======================
FAIL: test_negative_primzahl (primzahl_unittest.
PrimzahlTest)
------------------------------------------------
----------------------
Traceback (most recent call last):
  File "/home/anton/Desktop/datamics/buch/
```

```
primzahl_unittest.py", line 15, in test_
negative_primzahl
    self.assertEqual(ist_primzahl(-13), False)
AssertionError: True != False

------------------------------------------------
----------------------
Ran 3 tests in 0.000s

FAILED (failures=1)
```

Die ersten beiden Tests sind erfolgreich, der dritte scheitert mit einer Exception. Dies ist schon in der ersten Zeile Ausgabe zu erkennen: ein erfolgreicher Test wird durch einen Punkt `.` angezeigt und ein gescheiterter Test durch ein `F`.

`test_negative_primzahl` erwartet `False` als Ergebnis des Aufrufs von `ist_primzahl` für die Eingabe **-13**, da es keine negativen Primzahlen gibt – das Ergebnis ist aber `True`.
Der Fehler liegt in der Zeile `for i in range(3, n):`

```
def ist_primzahl(n):
    for i in range(3, n):
        if n % i == 0:
        return False

    return True
```

Bei einem negativen Wert für `n` ist `range(3, n)` leer, die `for`-Schleife wird nicht durchlaufen und dadurch `True` zurückgegeben.
Eine Korrektur von `ist_primzahl` könnte wie folgt aussehen:
Durch die folgende Änderung wird für alle Zahlen kleiner gleich Null korrekt `False` zurückgegeben:

```
def ist_primzahl(n):
    if n <= 0:
        return False

    for i in range(3, n):
        if n % i == 0:
        return False

    return True
```

```
...
----------------------------------------------------------------------
Ran 3 tests in 0.000s

OK
```

Neben `self.assertEqual` verfügt die Basisklasse `unittest.TestCase` über eine Reihe weiterer Vergleichsmethoden, welche in Tabelle 11.2 zusammengefasst sind.

Methode	Operation
`assertEqual(a, b)`	`a == b`
`assertNotEqual(a, b)`	`a != b`
`assertTrue(x)`	`bool(x) is True`
`assertFalse(x)`	`bool(x) is False`
`assertIs(a, b)`	`a is b`
`assertIsNot(a, b)`	`a is not b`
`assertIsNone(x)`	`x is None`
`assertIsNotNone(x)`	`x is not None`
`assertIn(a, b)`	`a in b`
`assertNotIn(a, b)`	`a not in b`
`assertNotIn(a, b)`	`isinstance(a, b)`

Methode	Operation
`assertNotIsInstance(a, b)`	`not isinstance(a, b)`
`assertRaises(Exception)`	Erfüllt, wenn eine Exception ausgelöst wird

Tabelle 11.2: Vergleichsmethoden von `unittest.TestCase`

Dabei ist `assertRaises` von Bedeutung. Ein Test basierend auf `assertRaises` ist dann bestanden, wenn eine Exception des als Parameter übergebenen Typs ausgelöst wurde. Am einfachsten ist es, die Vergleichsmethode `assertRaises` wie hier gezeigt mithilfe eines Kontextmanagers einzubinden:

```
with self.assertRaises(Exception) as context:
    funktion()
```

Erzeugt der Aufruf von `funktion` eine Exception, hier des Basistyps für eigene Exceptions, dann ist der Test bestanden.

Hinweis: Eine sehr beliebte Alternative zu `unittest` ist das externe Modul `pytest`[47]. Ein großer Vorteil von `pytest` ist, dass im Gegensatz zu den vielen Vergleichsmethoden von `unittest` alle Vergleiche in der Grundform `assert a == b` vorgenommen werden, was die Lesbarkeit der Tests stark erhöht!

Zwei weitere wichtige Methoden von `unittest.TestCase` sind `setUp` und `tearDown`. Mit `setUp` werden Vorbereitungen für die Tests ausgeführt; `tearDown` hingegen erlaubt Aufräumarbeiten nach den Tests, wie zum Beispiel das Löschen von für Tests angelegten Dateien. Das folgende Beispiel zeigt eine Demonstration der Anwendung von `setUp` zum Testen von `ist_primzahl`:

[47] https://docs.pytest.org/en/7.0.x

```python
import unittest

from primzahl import ist_primzahl

class PrimzahlTest(unittest.TestCase):
    def setUp(self):
        self.testfaelle = ((0, False), (1, True), (10, False), (13, True),
            (-3, False),)

    def test_mehrere_faelle(self):
        for (i, ergebnis) in self.testfaelle:
            self.assertEqual(ist_primzahl(i), ergebnis)

        print("Alle Testfälle bestanden!")


if __name__ == "__main__":
    unittest.main()
```

```
Alle Testfälle bestanden!
.
----------------------------------------------------------------------
Ran 1 test in 0.000s

OK
```

Softwaretests werden beim Einstieg in die Programmierung mit Python nicht unmittelbar benötigt, da bei Einsteigern häufig auftretende Fehler

üblicherweise einfacher mit geschickten `print`-Ausgaben oder dem Debugger gefunden werden können. Trotzdem ist es wichtig, den Prozess automatisierter Softwaretests früh kennen zu lernen und zu verstehen, da qualitativ hochwertige Software nur mithilfe durchdachter Softwaretests entwickelt werden kann.
Python ist eine leistungsfähige Programmierhochsprache – selbst vergleichsweise kurze Programme können komplexe Aufgaben mit schwer nachvollziehbaren Nebeneffekten lösen. Der Einsatz von Softwaretests bei eigenen Programmen sollte daher beizeiten erwogen werden.

Übungsaufgaben
Materialien zum Buch

Die Materialien zum Buch sowie Videos mit Hilfen zur Installation können Sie unter der Adresse
https://akademie.datamics.com/python-buchmaterialien/
oder mit folgendem QR-Code erreichen:

Glossar

Abhängigkeitskette Der Begriff Abhängigkeitskette bezeichnet die Schachtelungstiefe externer Module in einer Software. Diese ist in modernen Programmen sehr tief; Programme, die keine externen Module verwenden, gibt es nur auf der untersten Ebene für vergleichsweise einfache Funktionalitäten.

Algorithmus Ein Algorithmus ist eine aus einzelnen, sequentiell ausgeführten Schritten bestehende Lösung für ein Problem.

Bibliothek Wie auch Module sind Bibliotheken Erweiterungen von Python. Die Begriffe werden fast synonym genutzt, Bibliotheken bezeichnen aber üblicherweise umfangreichere Erweiterungen.

Binärdaten Binärdaten sind alle Datenformate, die nicht für die Darstellung durch einfache Texteditoren kodiert wurden, sondern in einem von Menschen nicht lesbaren Maschinenformat vorliegen, beispielsweise Audiodaten.

Boolesche Algebra Boolesche Algebra bezeichnet die Verknüpfung von mit booleschen Werten belegten Variablen zu komplexen Konditionen. Zur Verknüpfung stehen diese drei Operatoren zur Verfügung: `not` (nicht), `or` (oder) und `and` (und).

Boolesche Werte Boolesche Werte sind ein fundamentaler Datentyp in Python-Programmen. Sie verfügen über lediglich zwei mögliche

Werte, `True` (Wahr) und `False` (Falsch), und sind essentiell zur Steuerung des Programmflusses mittels Konditionen.

Clean Code Gut strukturierter und verständlicher Programmcode wird Clean Code (Sauberer Code) genannt und ein Ziel von professioneller Programmierung.

Compiler Ein Compiler erzeugt aus dem Programmcode kompilierter Programmiersprachen eine ausführbare Datei. Interpretierte Sprachen wie Python hingegen werden bei der Ausführung direkt in Maschinensprache übersetzt.

Datentyp Datentypen repräsentieren spezifische Arten von Informationen. Das beinhaltet einfache Datentypen für Ganzzahlen, Gleitkommazahlen oder auch Zeichenketten. Komplexe Datentypen ordnen Informationen, beispielsweise Listen als eine geordnete Reihenfolge von Elementen, oder Dictionaries als assoziative Speicher.

Debugging Der Begriff Debugging steht für eine Reihe von Techniken, mit denen Fehler in Programmen gesucht werden. Minimales Debugging kann mit `print`-Ausgaben erfolgen; bei komplexeren Problemen ist eine interaktive, schrittweise Ausführung des Programmes mit einem Debugger vorzuziehen.

Dekorator Ein Dekorator umhüllt eine Funktion und ergänzt diese vor und / oder nach ihrer Ausführung um zusätzlichen Code. Dabei kann ein Dekorator einfach für mehrere, verschiedene Funktion genutzt werden, beispielsweise für verschiedene Funktionen, die mit einer Authentifikation versehen werden sollen.

Dictionary Dictionaries sind assoziative Speicher: Daten werden in der Form von Schlüssel-Wert-Paaren abgelegt. Der Zugriff auf Werte erfolgt über ihre jeweiligen Schlüssel. Sowohl Werte als auch Schlüssel können beliebigen Datentypen entsprechen.

Dictionaryabstraktion Dictionaryabstraktion erlaubt die Erzeugung von Dictionaries in einer Kurzform.

Docstring Docstrings sind beschreibende Texte von Funktionen, Klassen und Modulen. Die Ausgabe dieser Hilfstexte erfolgt über die Funktion `help`.

Exception Wenn ein Python-Programm eine Anweisung nicht verarbeiten kann, dann wird eine sogenannte Exception (Ausnahme) ausgelöst und das Programm bricht ab. Die Ursachen für Exceptions sind vielfältig, beispielsweise Syntaxfehler, Division durch Null oder der versuchte Zugriff auf nicht vorhandene Listenelemente. Exceptions können mit `try`-Blöcken gefangen und verarbeitet werden. Eigene Exceptions kann man mit dem Schlüsselwort `raise` auslösen.

Filehandler Filehandler sind Python-Repräsentationen von Dateien als Objekten zum Ausführen von Lese- oder Schreiboperationen.

Float Positive und negative Gleitkommazahlen werden in Python Floats genannt.

Funktion Eine Funktion im Sinne der Programmierung ist eine separate Einheit von Programmcode, die nach ihrer Definition mithilfe ihres Bezeichners beliebig oft ausgeführt werden kann. Häufig nehmen Funktionen beim Aufruf Eingabewerte, die sogenannten Parameter, an. Die Ergebnisse einer Funktion werden mit `return` zurückgegeben. Funktionen führen im Idealfall einen einzigen, klar definierten Arbeitsschritt aus. Der Aufruf von Funktionen innerhalb von Funktionen (Schachtelung) ist gebräuchlich.

Generator Generatoren oder Generatorfunktionen sind Funktionen, die ihre Ergebnisse mit `yield` statt `return` zurückgeben. Dadurch unterstützten sie das Iteratorprotokoll und gehören zu den Iteratoren. Generatoren sind speichereffizient, da sie Ergebnisse nur auf Anfrage berechnen und zurückgeben, anstatt alle Ergebnisse auf einmal zu berechnen und im Speicher zu halten.

if-Kondition `if`-Konditionen (auch genannt `if`-Blöcke) erlauben die Steuerung eines Programmes in Abhängigkeit des Zustands, also beispielsweise der Belegung von Variablen. Zumeist besteht ein `if`-Block aus drei Komponenten: einer `if`-Kondition, ein oder mehreren `elif`-Konditionen für weitere Zustandsabfragen und einem `else`-Block, der ausgeführt wird, falls keine Kondition erfüllt ist. Mittels boolescher Arithmetik können `if`-Blöcke komplexe Konditionen ausdrücken.

Initialisierungsmethode Mithilfe einer in einer Klasse definierten Initialisierungsmethode `__init__` werden bei der Instanziierung der Klasse Initialisierungsschritte ausgeführt. Eine sehr gebräuchliche Verwendung ist die Belegung von Instanzvariablen mit Werten bei der Erzeugung
einer Instanz.

Instanz Instanzen sind von Klassen abgeleitete Objekte. Mehrere von einer Klasse abgeleitete Instanzen sind voneinander unabhängig; wird eine Methode einer Instanz ausgeführt oder eine ihrer Variablen verändert, dann hat dies (im Normalfall) keine Auswirkungen auf die anderen Instanzen derselben Klasse. Ein gut nachvollziehbares Beispiel für Klassen und Instanzen ist eine Klasse, die als Vorlage für Adressbucheinträge dient. Für jeden Adressbucheintrag wird eine Instanz dieser Klasse erzeugt und mit den entsprechenden Informationen befüllt.

Instanzvariable Instanzvariablen sind die Variablen einer Instanz in ihrem Namensraum. Werden die Instanzvariablen einer Instanz geändert, dann bleiben die entsprechenden Instanzvariablen anderer, von derselben Klasse abgeleiteten Instanzen, davon unberührt.

Integer In Python werden positive oder negative Ganzzahlen als Integers bezeichnet.

Integrated Development Environment Eine Integrated Development Environment (IDE) ist eine Programmierumgebung, die zahlreiche Funktionalitäten zum effizienten Programmieren bereitstellt. Eine beliebte IDE für Python ist Eclipse.

Interpreter Der Interpreter ist ein Programm zum Ausführen von Python-Programmcode. Programmcode von interpretierten Sprachen wie Python wird während der Ausführung direkt in Maschinensprache übersetzt. Im Gegensatz dazu wird Programmcode kompilierter Programmiersprachen wie beispielsweise C++ zuerst von einem Compiler in eine ausführbare Datei kompiliert.

Iterator Iteratoren sind Objekte, welches das Python-Iterationsprotokoll unterstützt, indem sie eine Methode als Selbstreferenz und eine Methode zum Iterieren auf das nächste Element bereitstellt. Beispiele für Iteratoren sind Tupel, Listen und Strings.

Jupyter Jupyter ist eine browserbasierte Programmierplattform. Programme werden als sogenannte Notebooks gespeichert. In diesen ist der Programmcode in einzelne Blöcke unterteilt, die separat ausgeführt werden können, wodurch interaktives Experimentieren ermöglicht wird.

Klasse Klassen sind ein essentieller Grundbaustein in der objektorientierten Programmierung. In einer Klasse werden alle Variablen und

Methoden definiert, die in einer von dieser Klasse abgeleitete Instanz genutzt werden können. Dabei können Klassen über eine Vererbungshierarchie miteinander verbunden sein; dabei erben Kindklassen die Methoden und Variablen von Elterklassen.

Komplexität In der Informatik bezeichnet Komplexität den Aufwand zur Lösung eines Problems. Dabei werden zeitliche Komplexität und Speicherkomplexität unterschieden. Die zeitliche Komplexität entspricht der zu erwartenden Laufzeit eines Algorithmus zur Lösung eines Problems und die Speicherkomplexität dem zu erwartenden Bedarf an Arbeitsspeicher.

Kontextmanager Mit Kontextmanagern wird der Umgang mit komplexen Objekten, wie unter anderem Filehandlern, vereinfacht. Wird ein Kontextmanager bei der Bearbeitung einer Datei eingesetzt, dann wird diese automatisch geschlossen, falls keine weiteren Operationen mehr für sie anstehen.

Lambda-Funktion Lambda-Funktionen gestatten die Definition einfacher Funktionen in einer einzeiligen Kurzschreibweise.

Liste In Python ist eine Liste eine beliebig lange Aneinanderreihung von Elementen beliebiger Datentypen. Die Elemente können mittels Slicing ausgewählt und modifiziert werden. Listen sind mutabel und müssen geklont werden, um eine unabhängige Kopie von ihnen zu erzeugen.

Listenabstraktion Listenabstraktionen erlauben es, Listen mithilfe einer prägnanten Kurzschreibweise zu generieren.

Modul Module bezeichnen Erweiterungen von Python, die für die Verwendung in einem Programm erst importiert werden müssen.

Python stellt zahlreiche Module in der Standardbibliothek zur Verfügung, aber auch externe Module können in eigene Programme eingebunden werden. Der Begriff Modul wird häufig synonym zu Bibliothek gebraucht; Bibliothek bezeichnet aber üblicherweise größere Softwarepakete. Eigene Programme sollten in Module aufgeteilt werden, wenn eine gewisse Komplexität und funktionale Unterteilbarkeit erreicht ist.

Modularität Allgemein bezeichnet Modularität den Aufbau komplexer Objekte aus einfacheren Unterobjekten. In der Programmierung hilft Modularität dabei, ein Programm verständlich und gut wartbar zu halten.

Modulverzeichnis Ein Modulverzeichnis ist ein Verzeichnis, welches eine gegebenenfalls leere Datei *__init__.py* sowie ein Python-Skript zum Importieren enthält. *__init__.py* ist erforderlich, damit das Verzeichnis als Modulverzeichnis erkannt wird.

Mutabilität Die Datentypen von Python können gemäß ihrer Mutabilität klassifiziert werden. Mutable Datentypen sind einfache Zeiger auf Datenstrukturen im Speicher, immutable Datentypen hingegen fest mit ihren Werten belegt. Als Folge davon können mutable Datentypen beliebig verändert werden; immutable Datentypen hingegen müssen bei Änderungen neu erzeugt werden. Beispiele für mutable Datentypen sind Listen und Dictionaries. Tupel und Strings hingegen sind immutabel.

None Einer Variablen kann None als Wert zugewiesen werden, wenn ihr späterer Wert derzeit noch unbekannt ist. Damit ist None ein Platzhalter und beispielsweise wichtig bei der Steuerung des Programmflusses.

Objekt Der Begriff Objekt ist in Python synonym mit dem Begriff Instanz.

Objektorientierte Programmierung Die objektorientierte Programmierung ist ein bedeutendes Programmierparadigma, nach dem ein Programm in der Form interagierender Objekte aufgebaut wird. Dabei wird unterschieden zwischen Klassen Instanzen. Klassen sind die Vorlagen für Instanzen. Jede von einer Klasse abgeleitete Instanz verfügt über einen eigenen Namensraum und ist unabhängig von anderen Instanzen derselben Klasse.

Operator Overloading Per Operator Overloading wird Klassen ein spezielles Verhalten zugewiesen, wenn Operatoren auf ihre Instanzen angewendet werden. Zum Beispiel wird mit der Definition der Methode `__add__` für den Plus-Operator eine eigene Logik definiert.

Parameter Üblicherweise verarbeiten Funktionen Eingabewerte, die sogenannten Parameter. Diese werden bei der Definition der Funktion aufgelistet und beim Funktionsaufruf mit Werten belegt. Zu unterscheiden sind positionale Parameter und Schlüsselwortparameter. Positionale Parameter werden beim Aufruf der Funktion gemäß der Reihenfolge der übergebenen Werte belegt, Schlüsselwortparametern hingegen über ihre Bezeichner explizit Werte zugewiesen. Parameter können über Defaultwerte verfügen, die sie annehmen, wenn ihnen beim Aufruf der Funktion kein anderer Wert zugewiesen wird. Funktionen können in Python eine beliebige, vorher nicht bekannte Anzahl von Parametern annehmen.

PEP8 PEP8 steht für Python Enhancement Proposal 8 und ist eine unverbindliche Konvention für die Formatierung von Python-Code. Obwohl unverbindlich hilft PEP8 stark bei der Entwicklung von gut lesbarem Code und ist weltweit stark verbreitet.

Polymorphie Polymorphie liegt dann vor, wenn verschiedene Klassen dieselben Funktionen, Methoden oder Operationen anbieten.

Beispielsweise ist die Verwendung des Plus-Operators zur Konkatenation von Listen polymorph zum Plus-Operator zur Konkatenation von Strings.

Programmflusskontrolle Die Kontrolle des Ablaufs eines Programmes mittels Konditionen, Schleifen und Fehlerbehandlung wird als Programmflusskontrolle bezeichnet.

Quantencomputer Auf Quanteninteraktionen basierendes Computermodell im frühen Experimentalstadium. Im Gegensatz zum klassischen, mechanischen Computer werden (grob gesagt) alle potentiellen Lösungen für ein Problem parallel berechnet, weshalb ein Quantencomputer unvorstellbar schnell Lösungen für komplexe Probleme finden kann.

Schleife Schleifen dienen der wiederholten Ausführung von Programmteilen. `for`-Schleifen iterieren dabei über eine Aufzählung, `while`-Schleifen hingegen, bis ihre Schleifenkondition nicht mehr erfüllt ist. Mit den Ausdrücken `break` und `continue` kann das Verhalten einer Schleife gesteuert werden. `break` bricht die Schleife ab, `continue` hingegen setzt die Schleife in der nächsten Iteration fort, ohne dass der Code nach `continue` ausgeführt wird.

Seed Ein mit einem Wert festgelegter Seed fixiert die Erzeugung von Zufallszahlen. Das ist unter anderem dann wichtig, wenn der Ablauf eines Programmes unabhängig von der Randomisierung nachvollzogen werden soll, beispielsweise zu Testzwecken.

Serialisierung Häufig ist es notwendig, Daten in einem Programm zwecks späterer Weiterverarbeitung oder Übertragung an andere Programme abzuspeichern. Dieser Vorgang wird Serialisierung genannt. Dabei können Daten in einem für Menschen lesbarem Format abgelegt werden, beispielsweise JSON, oder in einem unverständlichen For mat wie Pickle. Der umgekehrte Vorgang, das Laden serialisierter Daten, heißt Deserialisierung.

Skript Der Begriff Skript bezeichnet eine Textdatei mit Python-Code und der Dateiendung *.py*.

Slicing Mittels Slicing-Operationen werden die Elemente von Listen und Tupeln angesprochen. Dabei werden alle Elemente ab einem Startindex bis exklusive einem Endindex über die gewünschte Schrittweite ausgewählt. Die mutablen Listen erlauben die Zuweisung anderer Werte zu den ausgewählten Elementen, die immutablen Tupel nicht.

Softwaretests Softwaretests sind Hilfscode zur Validierung der Korrektheit eines Programmes. Dazu werden Softwaretests modular strukturiert; für jede Funktion und Klasse wird ein eigener Satz von Softwaretests entwickelt. Treten im Programm Fehler auf, dann können diese mit Softwaretests einfacher aufgespürt und behoben werden.

Standardbibliothek Die Standardbibliothek von Python ist eine Reihe von Zusatzmodulen, die zuerst importiert werden müssen, um genutzt werden zu können. Beispielsweise stellt das Modul `datetime` der Standardbibliothek viele Funktionen zum Umgang mit kalendarischen Daten zur Verfügung.

String Strings sind ein weiterer elementarer Datentyp in Python. Ein ist String eine Aneinanderreihung beliebiger alphanumerischer Zeichen.

Stringformatierung Stringformatierung bezeichnet den geordneten Aufbau eines Strings aus Komponenten, beispielsweise die Einbettung von Variablenwerten in einem Text. Eine beliebte und effiziente Methode zur Stringformatierung ist die Verwendung der sogenannten f-Strings.

Stringrepräsentation Häufig ist es hilfreich, die Methode `__str__` zur Stringrepräsentation einer Instanz in einer Klasse zu definieren. Mit dieser speziellen Methode werden beschreibende Eigenschaften (üblicherweise Instanzvariablen) einer Instanz in der Form eines Strings zusammengefasst und zurückgegeben. Wird die Funktion `print` auf eine Instanz mit Stringrepräsentation angewendet, dann wird diese ausgegeben.

Syntaktischer Zucker Syntaktischer Zucker bezeichnet Programmierkonstrukte, die es erlauben, Prozesse einfacher und besser verständlich darzustellen. Dazu gehören unter anderem Listenabstraktion, `filter` und Dekoratoren.

Terminal Ein Terminal, auch genannt Konsole, Shell, Kommandozeile oder CLI (Command Line Interface) ist ein textbasiertes Interface des Betriebssystems. Terminals sind in alle Betriebssysteme fest integriert und ein wichtiges Werkzeug für Programmierer.

Ternärer Operator Mithilfe von ternären Operatoren ist es möglich, `if`-Konditionen in einer einzelnen Zeile auszudrücken.

Traceback Stelle im Programmcode, an welcher der Debugger gestartet wird.

try-Block Mit einem `try`-Block kann eine Exception gefangen und verarbeitet werden. Dadurch wird der Abbruch des Programmes im Falle eines Fehlers verhindert. Ein Beispiel für eine sinnvolle Verwendung eines `try`-Blocks ist das Speichern von fehlerhaften Eingabedaten in einer Logdatei ohne Absturz des Programmes.

Tupel Wie auch Listen sind Tupel Aneinanderreihungen von Elementen beliebigen Typs. Im Gegensatz zu Listen sind Tupel jedoch immutabel – Elemente können nicht verändert werden, ohne das Tupel neu zu erzeugen.

Tuple unpacking Tuple unpacking erlaubt es, den Inhalt eines Tupels oder einer Liste in mehrere Variablen zu extrahieren. Dabei muss die Länge des Tupels oder der Liste der Anzahl von Variablen entsprechen, in die extrahiert wird.

Typkonvertierung Durch Typkonvertierung wird eine Variable eines Datentyps in einen anderen Datentyp konvertiert. Python unterstützt implizite Typkonvertierung, wann immer es möglich ist. Auf diese Weise wird bei der Addition eines Integers mit einem Float der Integerwert automatisch in Float konvertiert. Liegt beispielsweise eine Zahl in einem Stringformat vor, so muss sie zuerst explizit in einen Zahlentyp konvertiert werden, um die Anwendung einer mathematischen Operation zu ermöglichen.

Vererbung Vererbung im Sinne der objektorientierten Programmierung beschreibt die Ableitung von Kindklassen aus Elterklassen, wobei die Kindklassen Variablen und Methoden der Elterklassen erben. Diese Variablen und Methoden stehen dann Instanzen der Kindklassen zur Verfügung. Kindklassen können von mehreren Elterklassen erben, jedoch werden dabei gegebenenfalls gleichnamige Variablen oder Methoden überschrieben. Es ist auch möglich, über mehrere Ebenen zu vererben, jedoch sollten der Verständlichkeit halber Vererbungshierarchien möglichst flach gehalten werden.

Python – Das Python Grundlagen Bootcamp – Von 0 auf 100!

Dieser Python-Kurs bietet eine umfassende Einführung in die Programmiersprache von Grund auf, inklusive der Erstellung von Spielen, fortgeschrittener Funktionen, Decorators, OO-Programmierung, GUIs in Jupyter Notebooks und Unterschieden zwischen Python 3 und Python 2.

Python für Data Science, Machine Learning & Visualization

Dieser Python-Kurs behandelt die Nutzung von Python für Data Science, einschließlich der Analyse von echten Daten anhand von Beispielen, Erstellung von Datenvisualisierungen, Arbeit mit CSV- und Excel-Dateien, interaktiver dynamischer Visualisierungen mit Plotly, Maschinelles Lernen, Big Data mit Apache Spark und Hadoop sowie Deep Learning mit Tensorflow.

Python für Finanzanalysen und algorithmisches Trading

Dieser Python-Kurs behandeln diesem Kurs werden schnelle Arbeit mit numerischen Daten und Numpy, Pandas für Datenanalyse und Visualisierung, Matplotlib für benutzerdefinierte Darstellungen sowie statsmodels-Modul zur Zeitreihenanalyse und Finanzstatistiken vermittelt.

Deep Learning Grundlagen mit TensorFlow 2 und Keras

In diesem Kurs lernt man, wie man Neuronale Netze mit TensorFlow 2 und Python erstellt. Der Kurs umfasst Klassifizierungs- und Regressionsaufgaben, Bildklassifikation und Zeitreihenanalyse mit Recurrent Neural Networks.

Spark und Python für Big Data und Data Science mit PySpark

Der Kurs kombiniert Python und Spark, um Big Data zu analysieren. Er umfasst Techniken wie logistische Regression, Entscheidungsbäume und Natural Language Processing, um Machine Learning-Modelle zu erstellen und Daten in Echtzeit mit Spark Streaming zu analysieren.

Python für Computer Vision mit OpenCV

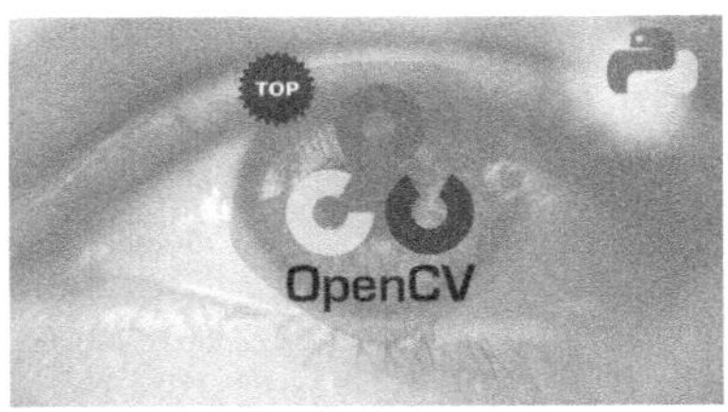

In diesem Kurs lernt man, wie man Bilder und Videos in Python bearbeitet und analysiert, einschließlich der Verwendung von NumPy und OpenCV. Der Kurs beinhaltet die Arbeit mit Bildern und Videos, wie das Zeichnen von Formen, die Anwendung von Bildbearbeitungstechniken, Objekterkennung und Gesichtserkennung.

Interaktive Python Visualisierungen mit Plotly und Dash

Der Kurs befasst sich mit der Erstellung interaktiver Diagramme und Dashboards mit Plotly und der Dash-Bibliothek. Dabei lernt man verschiedene Diagrammtypen zu erstellen und Layouts mit interaktiven Komponenten zu gestalten. Außerdem werden Live-Streaming und App-Berechtigungen behandelt.

Algorithmen und Datenstrukturen mit Python

In diesem Kurs lernt man, wie man Algorithmen und Datenstrukturen verwendet, um einen effizienteren Code zu schreiben. Man wird die wichtigsten Konzepte und die Big O-Notation kennenlernen und verstehen, wann welche Datenstruktur am besten in verschiedenen Anwendungsfällen eingesetzt wird.

Natural Language Processing für Data Science mit Python

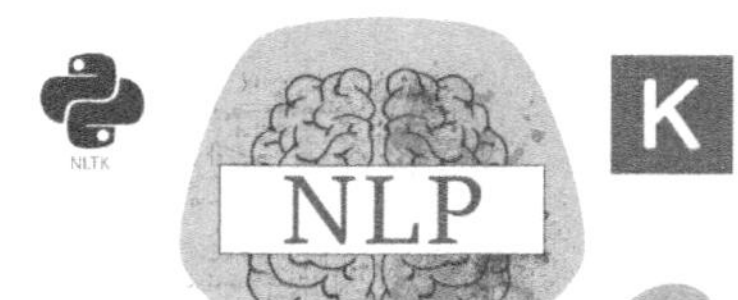

Dieser Kurs behandelt, wie man mit Text- und PDF-Dateien arbeitet, Regular Expressions für die Mustersuche im Text einsetzt und mithilfe von SpaCy ultra-schnell Tokenisierung durchführt. Auch die Themenmodellierung mit Latent Dirichlet Allocation und Non-negative Matrix Factorization wird erlernt.

Git Grundlagen (mit GitHub)
Der Kurs behandelt die Grundlagen von Git, die Zusammenarbeit in Teams mit GitHub, das Erstellen von Branches und die Konfliktlösung. Auch wird gelernt, wie man Projekte wiederherstellt und zurücksetzt sowie den Unterschied zwischen merge und rebase.

Zu den Kursen:

oder auf
https://akademie.datamics.com/kursliste/

DATAMICS
machine intelligence consulting services

Printed in France by Amazon
Brétigny-sur-Orge, FR

16796990R00167